MÉTROLOGIE ÉGYPTIENNE

1er FASCICULE

MESURES DE CAPACITÉ

I0148332

MÉTROLOGIE ÉGYPTIENNE.

1er FASCICULE.

MESURES DE CAPACITÉ.

908

8°V
4004

MÉTROLOGIE ÉGYPTIENNE.

DÉTERMINATION GÉOMÉTRIQUE

DES

MESURES DE CAPACITÉ

dont les Anciens se sont servis en Égypte,

PRÉCÉDÉE D'EXPLICATIONS RELATIVES

AUX MESURES DE CAPACITÉ GRECQUES ET ROMAINES;

PAR

M. Auguste AURÈS,

Ingénieur en chef des ponts et chaussées en retraite,
membre de l'Académie de Nimes,
correspondant du Ministère de l'Instruction publique pour les travaux historiques
et de la Commission de la Géographie historique de l'ancienne France
pour le département du Gard.

NIMES
IMPRIMERIE CLAVEL-BALLIVET ET Ce
12 — RUE PRADIER — 12

1880

BIBLIOTHÈQUE NATIONALE IMPRIMÉS.

MÉTROLOGIE ÉGYPTIENNE.

DÉTERMINATION GÉOMÉTRIQUE

DES

MESURES DE CAPACITÉ

dont les anciens se sont servis en Egypte,

PRÉCÉDÉE D'EXPLICATIONS RELATIVES

AUX MESURES DE CAPACITÉ GRECQUES ET ROMAINES.

PROLÉGOMÈNES.

Les véritables longueurs de la coudée royale pharaonique et des petites mesures linéaires qui en dérivent
sont maintenant connues d'une manière très-exacte, et
l'on peut même aller jusqu'à dire qu'elles sont, de toutes
les unités métriques employées dans l'antiquité, celles
que l'on connaît le mieux aujourd'hui. Malgré cela, et
quoiqu'il soit incontestable que, dans tous les systèmes
métriques, les mesures de capacité dérivent nécessairement des mesures linéaires, comme les mesures de superficie elles-mêmes, et qu'à leur tour les mesures pondérales dérivent, d'une manière analogue, des mesures de
capacité, c'est-à-dire aussi des mesures linéaires, il arrive néanmoins que, pour ce qui concerne l'Egypte, on
n'est encore parvenu à connaître, avec une précision suf-

fisante, ni les anciennes mesures pondérales, ni les mesures cubiques elles-mêmes.

Voici, en effet, en quels termes M. Vazquez Queipo s'est exprimé, en parlant de ces mesures, dans le grand ouvrage qu'il a publié, en 1859, sur les systèmes métriques et monétaires des anciens peuples (1) :

« Les travaux de ces savants » (de Girard, de Jomard et de Letronne), dit-il dans son 1ᵉʳ volume, à la page 43 du chapitre Iᵉʳ, § 1ᵉʳ, « joints à ceux de plusieurs autres » membres de l'Institut, ne sont parvenus qu'à recons- » tituer, *tout au plus*, le système linéaire de l'ancienne » Egypte. Ses poids et ses mesures cubiques sont *tout à* » *fait inconnus*, et ce n'est que *par induction* que » nous pourrons former *quelques conjectures* sur ces » deux parties si importantes du système métrique des » anciens Egyptiens, lorsque nous serons parvenus à » connaître, en entier, ceux des Hébreux et des Lagides ».

Et le même auteur a reproduit encore cette dernière assertion, à la fin du § 2 du même chapitre, où on lit à la page 68 :

« Il pourrait bien se faire que, parmi les innombra- » bles monuments trouvés dans les sépulcres et les hy- » pogées égyptiens, et qui existent aux musées de Paris, » de Londres et de Turin, il se rencontrât quelques poids » antérieurs à l'époque des Lagides; mais il faudrait, » pour les reconnaître, que les hiéroglyphes qui en in- » diquent l'antiquité pussent être déchiffrés et fussent » l'objet d'un examen très-attentif. En attendant, ce ne » sera que *par des inductions* tirées des poids hébreux » et alexandrins ou des Ptolémées que nous pourrons » acquérir *quelques connaissances* sur ceux de l'an- » cienne Egypte ».

---

(1) *Essai sur les systèmes métriques et monétaires des anciens peuples, depuis les premiers temps historiques jusqu'à la fin du khalifat d'Orient*, par don V. Vazquez Queipo. Paris, 1859.

Il est vrai que, depuis la publication de M. Vazquez Queipo, la lecture désormais certaine des anciens textes égyptiens a suffi pour éclairer d'un jour nouveau l'étude de la métrologie pharaonique; mais les résultats auxquels cette lecture a déjà conduit sont encore loin de dissiper tous les doutes et laissent toujours un véritable intérêt à de nouvelles recherches.

J'en trouve une preuve incontestable dans le 1er fascicule d'un mémoire que M. P. Bortolotti a inséré dans les dernières publications de l'Académie royale des sciences, lettres et arts de Modène (section des lettres), et dont il a fait faire, en 1878, un tirage à part (1). Après avoir soigneusement discuté, dans ce mémoire, toutes les questions qui se rattachent à la coudée égyptienne, il a été conduit à s'exprimer de la manière suivante, au commencement de la partie qu'il consacre à l'étude du système pondéral, aux pages 65 et 66 du tirage à part.

« La suite naturelle du raisonnement conduirait à
» parler, après la coudée, des mesures de superficie,
» pour passer ensuite à celles de capacité et de là aux
» poids. Mais ce qu'on a pu découvrir jusqu'ici des me-
» sures pharaoniques de superficie ou agraires est *pres-*
» *que nul*, et le peu que l'on sait des mesures cubiques
» *ne peut être éclairé* que par la connaissance des poids.
» De là la nécessité d'étudier d'abord ceux-ci (2) ».

Malgré ce qu'il peut y avoir de vrai dans ces assertions de M. P. Bortolotti, il est, ce me semble, hors de doute

(1) *Del primitivo cubito Egizio e de' suoi geometrici rapporti colle altre unità di misura e di peso Egiziani e straniere.* Fascicolo 1°. Modena, MDCCCLXXVIII.

(2) « Detto del cubito, il filo dell'argomento ci condurrebbe a dover discorrere delle misure di superficie, per poi passare all'altre di capacità, indi ai pesi. Ma delle Faraoniche misure superficiali od agrarie presso che nulla si è fin qui potuto scoprire; il poco poi che delle stereometriche ci si è fatto a sorte palese non può ricever lume che dal riscontro de' pesi. Quindi la necessità di pigliar la mossa da questi ».

que, pour avoir le droit de considérer le système métrique égyptien comme suffisamment connu, il faut avoir
les moyens de déduire *directement*, ainsi que je vais es-
sayer de le faire, les mesures cubiques des mesures linéaires, pour arriver ensuite aux mesures pondérales en se
servant des mesures cubiques, au lieu de chercher à déduire, avec M. P. Bortolotti, ces mesures cubiques elles-
mêmes de la détermination préalable des poids.

J'ai pourtant le regret d'avoir à reconnaître que la
théorie contre laquelle je m'élève en ce moment est précisément celle qui a été adoptée par M. Chabas dans ses
dernières *Recherches sur les poids, mesures et mon-
naies des anciens Egyptiens* (1). Mais je démontrerai,
je l'espère, avant la fin de mon travail, que cette théorie
l'a conduit à commettre des erreurs qu'il est bien facile
d'éviter, quand on suit la voie nouvelle où je me propose
d'entrer.

Une difficulté existe cependant dans cette voie. Elle résulte de ce que les auteurs qui se sont appliqués à nous
faire connaître les anciennes mesures égyptiennes nous
les ont toujours données et ne pouvaient nous les donner
qu'en fonction des mesures grecques et des mesures romaines, qui ne nous sont connues elles-mêmes que d'une
manière souvent très-incomplète, et sur la valeur desquelles les auteurs modernes sont loin d'être parfaitement d'accord.

De là résulte pour moi la nécessité de calculer avant
tout les expressions rigoureuses de ces dernières mesures, et je ne pourrai le faire qu'en consacrant à cette
étude préliminaire toute la première partie du Mémoire
qu'on va lire.

---

(1) *Recherches sur les poids, mesures et monnaies des anciens Egyptiens*, par F. Chabas. Paris, Imprimerie Nationale. MDCCCLXXVI.

PREMIÈRE PARTIE. — Des mesures de capacité
grecques et romaines.

~~~~~~~~~~~~~~~

CHAPITRE Ier.

**Détermination des mesures romaines de capacité en fonction
des mesures linéaires romaines.**

Les mesures romaines de capacité sont celles que nous
connaissons le mieux aujourd'hui, et je les étudierai en
conséquence les premières. Elles ont été divisées, dès le
principe, en deux groupes bien distincts, pour être affectées, d'une manière exclusive, les unes aux matières sèches et les autres aux liquides.

Le groupe des mesures dont on se servait pour les matières sèches comprenait :

Le *Quadrantal* (1) ou pied cube, base et fondement
de tout le système,

Le *Modius*, tiers du Quadrantal,

Le *Semodius*, moitié du Modius et sixième partie du
Quadrantal,

Et le *Sextarius*, égal au huitième du Semodius, au sei-
zième du Modius et au quarante-huitième du Quadrantal.

Dans l'autre groupe, les mesures affectées aux liquides étaient :

L'*Amphora*, ayant, comme le Quadrantal, la contenance d'un pied cube,

L'*Urna*, moitié de l'Amphora,

Le *Cadus*, égal à une Amphora et demie ou à 3 Urna,

Le *Congius*, quart de l'Urna, huitième partie de l'Amphora et douzième partie du Cadus,

(1) Voyez la note I.

Et enfin le *Sextarius*, commun aux deux groupes, et égal à la sixième partie du Congius, au vingt-quatrième de l'Urna et au quarante-huitième de l'Amphora.

La mesure ainsi désignée sous le nom de Sextarius, parce qu'elle correspondait, comme je viens de le dire, à la *sixième* partie du Congius, occupait une place très-importante dans la série des mesures romaines de capacité, non-seulement parce qu'elle était, ainsi que je l'ai déjà fait remarquer, commune aux deux groupes, mais aussi parce que sa contenance, à peu près égale à celle d'un *demi-litre*, avait suffi pour décider les Romains, qui buvaient beaucoup moins de vin que nous, à l'employer de préférence, comme nous employons le litre lui-même, pour la mesure de toutes les quantités de vin qu'ils destinaient au service de leurs tables.

Le Sextarius occupait ainsi, à Rome, le rang d'une mesure principale, et y était divisé, à ce titre, comme toutes les autres mesures principales du système métrique romain, en 12 parties égales (1) dont les groupements successifs portaient, selon l'usage, les noms d'*Uncia* = $^1/_{12}$, *Sextans* = 2 Uncia = $^1/_6$, *Quadrans* = 3 Uncia = $^1/_4$, *Triens* = 4 Uncia = $^1/_3$, *Quincunx* = 5 Uncia = $^5/_{12}$, *Ses* ou *Semis* = 6 Uncia = $^1/_2$, *Septunx* = 7 Uncia = $^7/_{12}$, *Bes* ou *Bessis* = 8 Uncia = $^2/_3$, *Dodrans* = 9 Uncia = $^3/_4$, *Dextans* = 10 Uncia = $^5/_6$, et *Deunx* = 11 Uncia = $^{11}/_{12}$. On ajoutait même ordinairement à cette série, entre l'Uncia et le Sextans, la *Sescuncia*, égale à une Uncia et demie, ou, en d'autres termes, aux $^3/_4$ du Sextans.

Mais quatre seulement de ces fractions étaient considérées, à Rome, comme de véritables mesures et avaient reçu, à ce titre, des noms particuliers, savoir :

D'une part, l'*Uncia* et le *Semis*, auxquels les noms grecs de *Cyathus* et d'*Hemina* ont été assignés, proba-

(1) Voyez la note II.

blement à l'époque où les relations entre Rome et la Grèce
sont devenues plus fréquentes, et de l'autre, la *Sescuncia* et le *Quadrans*, qui ont reçu et conservé les noms
latins d'*Acetabulum* et de *Quartarius*.

Les quatre mesures suivantes doivent donc être considérées comme faisant partie de la série des mesures ro-
maïnes de capacité :

Le *Cyathus*, douzième partie du Sextarius ;

L'*Acetabulum*, égal à un Cyathus et demi, ou à la huitième partie du Sextarius ;

Le *Quartarius*, double de l'Acetabulum et égal au
quart du Sextarius,

Et l'*Hemina*, double du Quartarius et moitié du Sextarius.

Ces quatre mesures, jointes au Sextarius lui-même,
que l'on introduit ordinairement dans ce nouveau
groupe, comme dans les deux premiers, constituent un
troisième groupe qui servait indifféremment pour les
matières sèches et pour les liquides (1).

Les Romains ajoutaient même, dans certains cas, à ce
groupe plusieurs autres petites mesures, notamment la
Ligula, quart du Cyathus, à laquelle ils donnaient
aussi le nom de *Sicilicus*, à l'époque où ils désignaient
le Cyathus sous le nom d'Uncia. Ces petites mesures
servaient surtout aux médecins pour le dosage de leurs
drogues; mais les auteurs qui ont essayé de les définir ne
les donnent pas toujours d'une manière uniforme, et
je ne m'en occuperai pas ici, parce qu'elles ne sont d'aucune utilité dans la discussion actuelle.

Quant aux contenances proprement dites des mesures
usuelles (2), il est très-facile de les calculer, en unités

(1) Voyez la note III.
(2) Voyez la note IV.

métriques romaines, à l'aide des rapports qui viennent d'être indiqués ; car pour les déduire toutes de la contenance du Quadrantal, égale à celle de l'Amphora et correspondant, comme on le sait, à un pied cube, c'est-à-dire, en d'autres termes, au cube de 12 onces, ou, mieux encore, à 1.728 onces linéaires cubes, il suffit de constater que la contenance du Sextarius, 48ᵉ partie du Quadrantal, était elle-même égale à $\frac{1728}{48}$ d'once cube, ou, ce qui est la même chose, à 36 onces cubes, et que, par conséquent, il y a lieu d'assigner :

2.592 Onces cubes au *Cadus*, égal à
    1 Amphora ¹/₂ ou à . . . . 72 Sextarius
1.728 Onces cubes à l'*Amphora* et au
    Quadrantal, égaux à . . . . 48 —
  864 Onces cubes à l'*Urna*, égale à
    la ¹/₂ Amphora ou à . . . . 24 —
  576 Onces cubes au *Modius*, égal à
    ¹/₃ d'Amphora ou à . . . . 16 —
  288 Onces cubes au *Semodius*, égal
    à ¹/₂ Modius ou à . . . . 8 —
  216 Onces cubes au *Congius*, égal à
    ¹/₄ d'Urna ou à . . . . 6 —
   36 Onces cubes au *Sextarius*, 6ᵉ partie du Congius.
   18 — à l'*Hemina*, moitié du Sextarius.
    9 — au *Quartarius*, quart du Sextarius.
   4 ¹/₂ — à l'*Acetabulum*, 8ᵉ partie du Sextarius
Et enfin 3 onces cubes au *Cyathus*, 12ᵉ partie du Sextarius.

Ces expressions sont celles au moyen desquelles on déterminait autrefois, à Rome, les contenances exactes des mesures de capacité ; et, pour avoir le moyen de traduire ces expressions, comme je le ferai plus tard, en mesures françaises, c'est-à-dire en litres et fractions décimales de litre, ou, en d'autres termes, en décimètres et centimètres cubes, il est indispensable de connaître, au préalable, d'une manière exacte, les valeurs du pied et de l'once romains exprimées en centimètres, millimètres, etc.

Il importe cependant de faire remarquer, avant d'en venir là, qu'il ne suffit pas d'être parvenu à déterminer *arithmétiquement*, par des chiffres, soit les rapports que les mesures de capacité d'une nation donnée présentent entre elles, soit leurs contenances rigoureuses, mais qu'il faut, en outre, pour que ces mesures puissent être considérées comme définitivement connues avec toute la précision nécessaire, avoir les moyens de construire *géométriquement*, POUR CHAQUE MESURE EN PARTICULIER, un Etalon-Type parfaitement distinct de tous les autres, dont les trois dimensions doivent être réglées d'une manière régulière et rationnelle, en se servant EXCLUSIVEMENT de l'unité métrique linéaire que les ouvriers du pays dont on s'occupe avaient à leur disposition.

Cette condition est de rigueur dans tous les cas, et il n'est pas difficile de la remplir pour ce qui concerne les mesures romaines de capacité, puisque, en effet, en ne considérant d'abord que celles qui étaient affectées aux liquides, il résulte successivement de ce que la contenance d'une *Amphora* était égale à 1 pied cube :

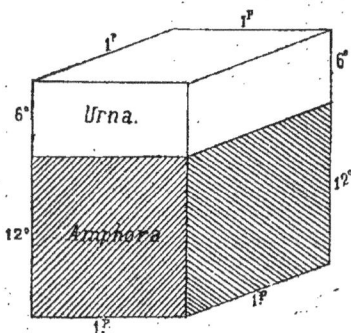

CADUS contenant une Amphora et une Urna.

1° Que le *Cadus* doit correspondre à un prisme droit à base carrée d'un pied de côté sur 18 onces de hauteur;

2° Que l'*Urna* est elle-même représentée par un autre prisme de même base et de 6 onces seulement de hauteur, comme on le voit sur la figure précédente ;

3° Que le *Congius,* quart de l'Urna, correspond à *un cube* de 6 onces de côté, de la manière indiquée sur la figure que voici :

URNA *divisée en*
4 *Congius.*

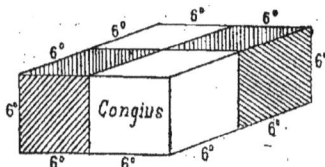

Et 4° enfin que le *Sextarius,* 6ᵉ partie du Congius, doit être considéré à son tour comme égal à un parallélipipède rectangle ayant 2 onces, 3 onces et 6 onces sur ses trois arêtes, ou, ce qui est mieux encore, comme un prisme droit à base carrée de 3 onces de côté sur 4 onces de hauteur, parce que, en effet, un cube de 6 onces de côté peut être divisé de deux manières différentes en six parties équivalentes, comme les figures ci-après l'indiquent.

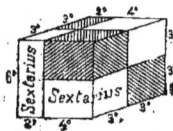

*CONGIUS di-
visés en six
Sextarius.*

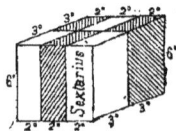

Pour ce qui concerne les mesures affectées aux matières sèches , la décomposition du Quadrantal en ses diverses fractions peut être opérée avec une facilité encore plus grande ; car il suffit de rappeler que le Modius, tiers du Quadrantal, est égal à un prisme droit à base carrée d'un pied de

*QUADRANTAL
divisé en trois Modius*

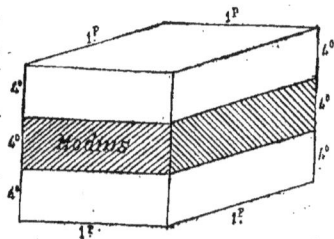

côté sur 4 onces de hauteur, pour en conclure aussitôt :

1° Par la division du Modius en 16 parties égales, que la véritable forme géométrique du Sextarius est un prisme droit à base carrée de 3 onces de côté sur 4 onces de hauteur, comme on le voit sur la figure ci-jointe.

MODIUS
divisé en 16 Sextarius

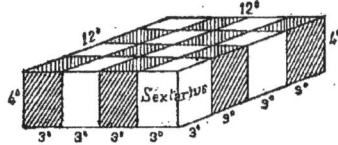

Et 2° par sa division en deux parties égales, que celle du Semodius correspond à un parallélipipède rectangle ayant 1 pied, 6 onces et 4 onces sur ses 3 arêtes, ou, ce qui est la même chose, à un prisme

MODIUS
divisé en 2 Semodius

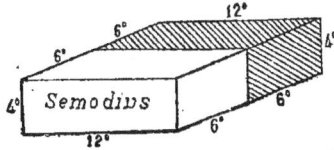

droit à base carrée de 6 onces de côté sur 8 onces de hauteur, parce qu'il est facile de voir, sur la figure suivante, qu'un Semodius peut être formé aussi bien en *juxtaposant* deux groupes de 4 Sextarius qu'en *superposant* ces deux mêmes groupes.

SEMODIUS divisés en 8 Sextarius.

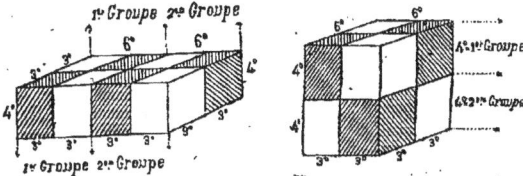

Il est, d'un autre côté, bien certain, par cela seul, que le Semodius se trouve composé de 8 Sextarius; que les formes géométriques de ces deux mesures doivent être identiques, à la condition cependant de *doubler*, pour le

Sémodius, les longueurs de toutes les arêtes du Sextarius.

En dernier lieu, et pour ce qui concerne le groupe des petites mesures, il est d'abord aisé de comprendre, puisque l'*Hemina* est la moitié du Sextarius, que la forme géométrique de l'étalon-type de cette unité métrique ne peut correspondre qu'à un prisme droit à base carrée de 3 onces de côté sur 2 onces de hauteur, et cela, comme la figure suivante le démontre, quelle que soit celle des deux formes du Sextarius que l'on divise en deux parties égales, pour constituer une Hemina.

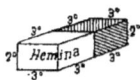

SEXTARIUS divisés en 2 Hémina.

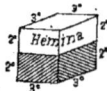

Par la même raison, le *Quartarius*, quart du Sextarius, est un prisme droit à base carrée, de 3 onces de côté sur 1 once de hauteur.

Quant à l'*Acetabulum*, qui n'est que la 8ᵉ partie du Sextarius, et dont la forme géométrique se trouve, par conséquent, semblable à celle du Sextarius, et résulte de la division des arêtes de cette dernière mesure en deux parties égales, il ne peut correspondre, de son côté, qu'à un prisme droit à base carrée d'une once et demie de côté sur 2 onces de hauteur.

Enfin le *Cyathus*, contenu une fois et demie dans l'Acetabulum, est un parallélipipède rectangle ayant une once, une once et demie et deux onces sur ses trois arêtes, comme la figure suivante le fait voir.

ACETABULUM contenant 1 Cyathus ¹/₂.

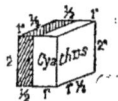

Les dimensions *géométriques* que je viens d'assigner successivement *à chaque* étalon-type des mesures romaines de capacité, en prenant toujours soin de les exprimer en mesures linéaires romaines, ne sont pas ordinairement étudiées, sous cette forme, par les métrologues ; et cependant, je ne crains pas de le dire, cette manière d'opérer est *seule* capable de mettre en évidence, comme on le verra bientôt, les diverses erreurs que l'on peut commettre, et que rien n'indique, quand on se contente de calculer *arithmétiquement*, suivant la méthode habituelle, les contenances dont on cherche à déterminer les véritables expressions. Si j'ai insisté un peu trop longuement sur ces premiers détails qu'on trouvera peut-être superflus, dans le cas actuel, c'est en raison de l'importance capitale qu'ils ont à mes yeux et que la suite de ce mémoire ne tardera pas, je l'espère, à mettre en évidence de la manière la plus complète.

En attendant, voici quels sont les noms des mesures romaines de capacité, leurs contenances exprimées en onces linéaires cubes et les expressions des différents rapports qui existent entre ces mesures, quand on les compare entre elles.

TABLEAU INDICATIF DES MESURES ROMAINES DE CAPACITÉ.

NOMS de CES MESURES.	EXPRESSIONS DES RAPPORTS QUI EXISTENT ENTRE ELLES.											Contenances exprimées en Onces cubes
Cyathus											1	3
Acetabulum										1	1 1/2	4 1/2
Quartarius									1	2	3	9
Hemina								1	2	4	6	18
Sextarius							1	2	4	8	12	36
Congius						1	6	12	24	48	72	216
Semodius					1	1 1/3	8	16	32	64	96	288
Modius				1	2	2 2/3	16	32	64	128	192	576
Urna			1	1 1/2	3	4	24	48	96	192	288	864
Amphora sive Quadrantal		1	2	3	6	8	48	96	192	384	576	1.728
Cadus	1	1 1/2	3	4 1/2	9	12	72	144	288	576	864	2.592

CHAPITRE II.

Détermination des mesures grecques de capacité, en fonction des mesures linéaires grecques.

Tous les métrologues reconnaissent la parfaite exactitude des rapports que je viens d'établir entre les mesures romaines de capacité, et calculent ensuite, comme je l'ai fait, les contenances effectives de ces mesures, en les déduisant de celle du Quadrantal, considérée comme égale à un pied cube, c'est-à-dire, en d'autres termes, à 1728 onces linéaires cubes.

Mais le même accord ne subsiste plus, quand il s'agit des mesures grecques, et l'on discute encore malheureusement pour savoir quelles étaient exactement les *contenances réelles* de ces mesures, quoique les *rapports* qu'elles présentent entre elles soient depuis longtemps, ainsi qu'on va le voir, presque aussi bien connus que ceux des mesures romaines elles-mêmes.

Le système grec comprenait d'abord, comme le système romain, indépendamment des grandes mesures spécialement affectées, les unes aux matières sèches et les autres aux liquides, un groupe particulier de petites mesures que l'on appliquait indifféremment dans chacun de ces deux cas, et les rapports mutuels existant entre ces petites mesures, quand on en retranche, comme je l'ai déjà fait pour les mesures romaines, toutes celles qui sont plus petites qu'un Κύαθος, étaient identiquement les mêmes que ceux qui ont été précédemment établis entre les mesures romaines correspondantes, comme cela résulte du tableau comparatif suivant.

NOMS des mesures romaines.	RAPPORTS qu'elles présentent entre elles.	NOMS des mesures grecques.	RAPPORTS qu'elles présentent entre elles.
Cyathus...	1	Κύαθος.....	1
Acetabulum	1 1¹/₃	'Οξύβαφον...	1 1¹/₃
Quartarius.	1 2 3	Τέταρτον, ou Ἡμικοτύλιον.	1 2 3
Hemina....	1 2 4 6	Κοτύλη.....	1 2 4 6
Sextarius..	1 2 4 8 12	Ξέστης.....	1 2 4 8 12

Ces deux séries de petites mesures étaient donc, on peut le dire, rigoureusement calquées l'une sur l'autre, et si le *nom* de la Κοτύλη ne différait pas entièrement de celui de l'Hemina, on pourrait les considérer comme tout à fait identiques.

Il existe, au contraire, de plus grandes différences entre les mesures grecques et les mesures romaines, quand on les compare entre elles dans les groupes affectés aux matières sèches et aux liquides. Néanmoins ces différences sont loin d'être considérables.

La première et la plus importante est celle qui résulte de ce que, dans le système grec, toutes les grandes mesures sont ordinairement rapportées à la Κοτύλη, tandis que c'est au Sextarius qu'on les rapporte de préférence dans le système romain.

Quant aux autres différences, elles ne pourront être indiquées qu'après que j'aurai fait connaître comment les deux groupes des grandes mesures étaient constitués, dans le système grec.

Le groupe spécialement affecté aux matières sèches comprenait : le Μέδιμνος, la plus grande des mesures de capacité, l'Ἡμιμέδιμνον, le Τριτεύς et l'Ἑκτεύς, correspondant, comme leurs noms l'indiquent, à la moitié, au tiers et au sixième du Μέδιμνος.

L'Ἡμίεκτον, que l'on nommait aussi Ἄδδιξ ou Ἄδδιξις, l'Ἡμιδωδέκατον et le Χοῖνιξ, égaux à la 12ᵉ, à la 24ᵉ et à la 48ᵉ partie du Μέδιμνος.

Et enfin le Ξέστης et la Κοτύλη, déjà portés dans le groupe des petites mesures et égaux à la moitié et au quart du Χοῦιξ.

Les rapports ainsi établis entre ces diverses mesures doivent être remarqués à un double titre :

D'abord à cause de leur extrême simplicité ;

Ensuite et surtout à cause de leur identité complète avec ceux que l'on trouve, dans la série des mesures linéaires grecques, entre les divisions de la coudée en Spithames, Dichas, Palmes, Condyles et Dactyles, tous partagés, en seize parties égales, comme dans le système égyptien, de la manière indiquée sur les coudées égyptiennes que l'on conserve dans les Musées.

Cette identité est d'ailleurs rendue évidente par le simple rapprochement des deux tableaux que j'ajoute ici :

Mesures grecques de capacité affectées aux matières sèches.

NOMS GRECS.	RAPPORTS QUE CES MESURES PRÉSENTENT ENTRE ELLES.									
Μέδιμνος	1									
Ἡμιμέδιμνον	2	1								
Τριεύς	3	1½	1							
Ἑκτεύς	6	3	2	1						
Ἀδδίξ	12	6	4	2	1					
Ἡμιοδδίξατον	24	12	8	4	2	1				
Χοῖνιξ	48	24	16	8	4	2	1			
Ξέστης	96	48	32	16	8	4	2	1		
Κοτύλη	192	96	64	32	16	8	4	2	1	
Ἡμικοτύλιον ou Τέταρτον	384	192	128	64	32	16	8	4	2	1

Mesures linéaires grecques (1).

NOMS	RAPPORTS QUE CES MESURES PRÉSENTENT ENTRE ELLES.									
Coudée	1									
Spithame	2	1								
Dichas	3	1½	1							
Palme	6	3	2	1						
Condyle	12	6	4	2	1					
Dactyle	24	12	8	4	2	1				
Demi-Dactyle	48	24	16	8	4	2	1			
Quart	96	48	32	16	8	4	2	1		
Huitième	192	96	64	32	16	8	4	2	1	
Seizième	384	192	128	64	32	16	8	4	2	1

(1) On remarquera qu'il n'est pas question du pied, dans cette série de mesures linéaires, et l'on verra plus tard qu'il n'en est pas davantage question, dans la série des mesures cubiques, quoique Edouard Bernard et M. Vazquez Queipo prétendent le contraire.

La simplicité et l'identité des rapports ainsi constatés suffisent pour établir, de la manière la plus évidente, que ces deux séries de mesures appartiennent à un seul et même système métrique, dont tous les éléments étaient parfaitement coordonnés entre eux ; et cependant la vérité de cette assertion a été complètement méconnue par M. Vazquez Queipo, qui n'a pas craint d'introduire, dans son *Essai*, les deux passages suivants, où l'on trouve, si je ne me trompe, presque autant d'erreurs que de mots.

Voici d'abord ce qu'on lit, à la page 529 du premier volume :

« Le système attique ne présente qu'*un composé de*
» *parties hétérogènes* dont les formes, il est vrai, indi-
» quent assez qu'elles appartiennent aux systèmes olym-
» pique et royal, mais qui ne conservent cependant pas
» *l'harmonie*, qui en faisait la principale beauté. C'était,
» du reste, ce qui devait arriver, parce que la législa-
» tion, ne s'étant point occupée du soin de coordonner
» ces parties, *elles conservèrent nécessairement les tra-*
» *ces du* HASARD, *auquel elles devaient leur introduc-*
» *tion*.

« Les Grecs adoptèrent donc le système métrique que
» leur apportèrent les différentes colonies égyptiennes ;
» mais, comme il y en avait qui faisaient usage du sys-
» tème olympique, tandis que d'autres employaient le
» système royal, ils en prirent indistinctement les unités,
» et les confondirent à tel point qu'il en résulta, pour le
» système grec, *une complication* qui ne permet d'en
» découvrir l'origine qu'à force de recherches et de mé-
» ditation ».

Et M. Vazquez Queipo s'est exprimé, encore une fois, de la manière suivante, sous l'empire des mêmes idées, à la page 82 de son deuxième volume, où il a écrit :

« Quand on suit attentivement la marche des systèmes
» métriques de l'antiquité, on peut observer que ces

» systèmes *dégénéraient* de leur simplicité primitive et
» se *compliquaient* de plus en plus, au fur et à mesure
» qu'ils s'éloignaient de leur origine. Aussi avons-nous
» vu qu'aux admirables systèmes de la Chaldée et de
» l'Egypte succède, en Grèce, un système *mixte*, dont le
» fond conservait, à la vérité, la trace de son origine,
» mais dont les parties se trouvaient tellement modifiées
» qu'elles ne montraient ni l'*ordre*, ni la *liaison qui*
» *caractérisaient leurs types primitifs.* Cette différence
» se remarque, à plus forte raison, chez les Romains,
» peuple encore plus moderne, et chez lequel devaient
» se trouver, outre les restes des anciens systèmes ap-
» portés par les Pélasges, ceux du système grec, *en usage*
» *dans les colonies limitrophes de la Grande-Grèce* ».

Je repousse, avec d'autant plus de raison, toutes ces
affirmations du savant Espagnol, que je crois avoir
démontré :

En premier lieu, dans mes publications précédentes,
que les Grecs de la Grande-Grèce, loin d'avoir apporté
en Italie leurs mesures nationales, y ont, au contraire,
employé de préférence celles de leur patrie d'adoption (1);

Et, en second lieu, ici même, comme conséquence des
faits exposés dans le chapitre précédent et dans ma
IIIᵉ note :

Que les Romains, lorsqu'ils ont réglé le système défini-
tif de leurs mesures de capacité, n'ont rien emprunté aux
Grecs, si ce n'est peut-être quelques dénominations, comme, par exemple, celles du Cyathus et de l'Hemina,

(1) Voyez notamment mon *Etude des ruines de Métaponte*, dans la
Gazette des Architectes et du Bâtiment (année 1865, pages 37, 102,
121 et 140) ; celle des *Dimensions du grand Temple de Pæstum* (Paris,
J. Baudry, 1868, chap. 1ᵉʳ, pag. 4) et le Mémoire lu, en 1865, aux
réunions publiques de la Sorbonne, pour établir que les architectes
grecs, qui ont construit les monuments antiques de la Grande-Grèce, y
ont constamment fait usage du pied italique et de sa division en 12 onces,
à l'exclusion du pied grec et de sa division en 16 dactyles.

quand la division primitive du Sextarius en 12 *Uncia* a été abandonnée.

Revenant, après cette digression, à l'étude des mesures grecques de capacité, je me contenterai de faire remarquer que la composition du groupe, formé par les mesures que l'on affectait aux liquides, était, pour le moins, aussi simple et aussi régulière que celle des mesures affectées aux matières sèches; car ce groupe comprenait le Μετρητής, mesure principale, que l'on trouve quelquefois désignée, en raison de cette circonstance particulière, et comme je l'expliquerai plus tard, sous le nom d'*Amphora Attica,*

Le Δάδιξ, égal à la 6ᵉ partie du Μετρητής,

Le Χοῦς, égal à la 12ᵉ partie de la même mesure,

Le Μάρις, égal à la moitié du Χοῦς (1),

Et enfin la Κοτύλη égale à la 6ᵉ partie du Μάρις ou à la 12ᵉ partie du Χοῦς, comme le Χοῦς lui-même est égal à la 12ᵉ partie du Μετρητής.

Les divisions, dans cette partie du système grec, étaient donc *essentiellement duodécimales*, et sont résumées dans le tableau suivant dont la grande régularité n'est pas contestable :

Κοτύλη....................................					1
Μάρις...................................				1	6
Χοῦς................................			1	2	12
Δάδιξ...............		1	2	4	24
Μετρητής...........	1	6	12	24	144

Telles étaient, dans l'origine, les seules mesures affectées, par les Grecs, au jaugeage des liquides; mais lorsque les relations entre la Grèce et l'Italie sont devenues plus fréquentes, les Grecs ont éprouvé le besoin et peut-être ont reçu l'ordre de mettre leur système métrique en relation plus intime avec celui des Romains, et c'est alors qu'ils ont ajouté, dans leur série affectée aux liquides :

(1) Voyez la note V.

1° Le Ξέστης, égal au tiers du Μάρις ou au double de la Κοτύλη, et par conséquent égal aussi, ainsi qu'on l'a déjà vu, à la moitié du Χοῖνιξ,

Et 2° l'Ἀμφορεύς, égal aux deux tiers du Μετρητής, comme l'Amphora est elle-même égale aux deux tiers du Cadus.

Mais on sait déjà que le Μέδιμνος contient 192 Κοτύλη, quand le Μετρητής n'en contient que 144 ; ce qui revient à dire, en d'autres termes, que le Μετρητής est égal aux $^3/_4$ du Μέδιμνος, et par conséquent, que l'Ἀμφορεύς, égal aux $^2/_3$ du Μετρητής, est, en même temps, égal à la moitié du Μέδιμνος, c'est-à-dire à l'Ἡμιμέδιμνον lui-même, comme l'Amphora est égale au Quadrantal, dans le système métrique romain.

En outre, c'est évidemment l'introduction du Ξέστης dans le système métrique grec qui a conduit à changer le nom de l'Ἡμικοτύλιον. Comme cette dernière mesure se trouvait égale au quart du ξέστης, elle a d'abord été nommée Τέταρτον ξέστου, et ensuite simplement Τέταρτον, qui est le nom sous lequel elle a été finalement désignée, probablement pour rendre plus sensible sa correspondance avec le Quartarius.

En résumé, les Grecs ont ajouté, à l'époque de la domination romaine, trois nouvelles mesures à leur système métrique primitif, et ces mesures sont : le Τέταρτον, correspondant au Quartarius, qui existait déjà dans la série des petites mesures de capacité sous le nom d'Ἡμικοτύλιον, et dont le nom seul a été changé ;

Le Ξέστης, créé pour correspondre au Sextarius et ajouté, par suite, aux trois séries, où il n'existait pas auparavant ;

Et l'Ἀμφορεύς, correspondant à l'Amphora, et qui n'a été ajouté, sous ce nouveau nom, qu'à la série des mesures affectées aux liquides, parce qu'il existait déjà, sous le nom d'Ἡμιμέδιμνον, dans celle qui était affectée aux matières sèches.

Je viens de dire que ces modifications ont été introduites, dans le système métrique grec, pour le rapprocher davantage du système romain, et il me reste à le prouver.

Ce fait est d'abord incontestable pour le Τέταρτον, parce que son nom est une traduction grecque évidente du nom latin du Quartarius, et parce que ce *quart de mesure* ne peut être rapporté qu'au ξέστης, *qui n'existait pas dans le système grec primitif;* car voici en quels termes Galien s'est exprimé en parlant de cette dernière mesure :

Ξέστου δὲ νομίζω μεμνῆσθαι τὸν Ἥρῶν τοῦ Ῥωμαϊκοῦ; παρὰ μὲν γὰρ τοῖς Ἀθηναίοις οὔτε τὸ μέτρον ἦν οὔτε τοὔνομα τοῦτο. Νυνὶ δὲ ἀφ' οὗ Ῥωμαῖοι κρατοῦσι, τὸ μὲν ὄνομα τοῦ ξέστου παρὰ πᾶσίν ἐστι τοῖς Ἑλληνικῇ διαλέκτῳ χρωμένοις ἔθνεσιν (Hultsch (1), tom. I, page 211, lignes 2 et suivantes), passage qui peut être traduit de la manière suivante :

« Je pense qu'Héron a voulu parler du ξέστης romain ; car chez les Athéniens, *on ne trouvait ni cette mesure, ni ce nom.* Maintenant, *depuis que les Romains ont établi leur autorité,* le nom du ξέστης se rencontre chez tous ceux qui se servent de la langue grecque. ».

Et cette affirmation ne peut pas être inexacte, car Galien était Grec et devait par conséquent connaître, d'une manière très-précise, tout ce qui se rapportait aux mesures grecques. D'ailleurs, on le remarquera, le mot ξέστης *n'est pas grec,* et aurait été certainement remplacé par le mot grec Ἐκτεύς, ou par un de ses dérivés, si l'on n'avait pas tenu à montrer que ce nom *barbare* n'est qu'une reproduction, aussi fidèle que possible, du mot latin *Sextarius.*

Enfin, puisque le ξέστης servait chez les Grecs, comme le Sextarius chez les Romains, aussi bien pour les matières sèches que pour les liquides, n'est-ce pas une

(1) *Metrologicorum scriptorum reliquiæ. Collegit, recensuit partim nunc primum edidit* Fridericus Hultsch. Lipsiae, MDCCCLXIV-MDCCCLXVI, in Aedibus B. G. Teubnerii.

raison de plus pour le considérer comme une reproduction du Sextàrius ?

En dernier lieu, et pour ce qui concerne l'Αμφορεύς, la similitude de ce nom, comparé à celui de l'Amphora, suffit, ce me semble, pour établir que ces deux mesures dérivent l'une de l'autre, et comme l'Amphora, dont la contenance est rigoureusement égale à celle d'un pied cube romain, ne peut pas être considérée comme déduite d'une mesure grecque, il est clair que c'est l'Αμφορεύς qui doit être considéré, à l'inverse, comme déduit de la mesure romaine correspondante.

Si l'on réunit maintenant, dans un seul et même tableau, la série complète des mesures grecques de capacité, dans le but de faire connaître tous les rapports que ces mesures présentent entre elles, voici quels sont les résultats que l'on obtient.

Tableau indicatif des divers rapports que les mesures grecques de capacité présentent entre elles.

	Κύαθος	Ὀξύβαφον	Τέταρτον	Κοτύλη	Ξέστης	Μάρις	Ἡμιδωδέκατον	Χοῦς	Ἀδδίξ	Δαδίξ	Ἑκτεύς	Τρικτύς	Ἀμφορεύς	Μετρητής	Μέδιμνος
Κύαθος	1														
Ὀξύβαφον	1 1/2	1													
Τέταρτον ou Ἡμικοτύλιον	3	2	1												
Κοτύλη	6	4	2	1											
Ξέστης	12	8	4	2	1										
Μάρις (Ἡμιδωδέκατον pour les liquides) (voyez la note V)	24	16	8	4	2	1									
Ἡμιδωδέκατον (pour les matières sèches)	36	24	12	6	3	1 1/2	1								
Χοῦς	48	32	16	8	4	2	1 1/3	1							
Ἀδδὶξ ou Ἡμίεκτον	72	48	24	12	6	3	2	1 1/2	1						
Δαδίξ	96	64	32	16	8	4	2 2/3	2	1 1/3	1					
Ἑκτεύς	144	96	48	24	12	6	4	3	2	1 1/2	1				
Τρικτύς	192	128	64	32	16	8	5 1/3	4	2 2/3	2	1 1/3	1			
Ἀμφορεὺς et Ἡμιμέδιμνον	384	256	128	64	32	16	10 2/3	8	5 1/3	4	2 2/3	2	1		
Μετρητής	576	384	192	96	48	24	16	12	8	6	4	3	1 1/2	1	
Μέδιμνος	1.152	768	384	192	96	48	32	24	16	12	8	6	3	2	1

Et comme les divers nombres contenus dans ce tableau présentent ce fait remarquable, qu'on ne rencontre, en les décomposant en facteurs premiers, que les facteurs 2 et 3, il est facile de comprendre que cette particularité résulte nécessairement d'une loi qu'on a voulu s'imposer, lorsqu'on a déduit, pour la première fois, les mesures grecques de capacité d'une mesure primitive, choisie pour servir de point de départ. Il est certain, en effet, lorsqu'on considère ces mesures dans l'ordre même de notre tableau, c'est-à-dire en suivant l'ordre de leurs grandeurs croissantes, que l'une quelconque d'entre elles résulte toujours de celle qui la précède en multipliant celle-ci par 2, par 1 et 1/2 ou par 1 et 1/3, et jamais autrement; et si l'on aime mieux étudier ces mesures dans l'ordre inverse, c'est-à-dire en suivant l'ordre de leurs grandeurs décroissantes, qui est l'ordre naturel de leur formation, on voit que chacune d'elles peut être déduite de la précédente en en prenant la moitié, les deux tiers ou les trois quarts, c'est-à-dire, en d'autres termes, en la divisant soit en deux parties égales pour en prendre une, soit en trois parties pour en prendre deux, soit enfin en quatre parties pour en prendre trois, aucun autre système n'ayant jamais été employé. Il est donc certain qu'aucune des mesures grecques n'a jamais été divisée en *cinq parties égales*, et que, par conséquent, lorsqu'on a réglé les rapports mutuels de ces mesures, *le système décimal a été aussi soigneusement écarté* que lorsqu'on a réglé ceux qui ont été déjà constatés entre les mesures romaines, calculées toutes, comme on l'a vu, d'une manière exclusive, suivant le système *duodécimal*, puisque leurs expressions en onces cubes ont toutes été déduites du cube de 12 onces.

Et l'on peut dire plus encore ; car voici sous quelles formes les contenances des mesures grecques et romaines de capacité se trouvent exprimées, quand on calcule les

premières en fonction du Κύαθος et les secondes en fonction du Cyathus.

Ces expressions sont réunies dans le tableau comparatif suivant :

NOMS des MESURES GRECQUES de capacité affectées		Nombres indiquant combien de fois le Κύαθος est conte-nu dans chacune de ces mesures.	NOMS des MESURES ROMAINES de capacité affectées		Nombres indiquant combien de fois le Cyathus est conte-nu dans chacune de ces mesures.
aux liquides.	aux matières sèches.		aux liquides	aux matières sèches	
Κύαθος	Κύαθος	1	Cyathus ..	Cyathus .	1
Ὀξύβαφον ...	Ὀξύβαφον ...	1½	Acetabulum	Acetabulum	1½
Τέταρτον ...	Ἡμικοτύλιον.	3	Quartarius.	Quartarius.	3
Κοτύλη	Κοτύλη	6	Hemina...	Hemina...	6
Ξέστης	Ξέστης	12	Sextarius .	Sextarius .	12
»	Χοῖνιξ	24	»	»	»
Μάρις	»	36	»	»	»
»	Ἡμιδωδέκα-τον	48	»	»	»
Χοῦς	»	72	Congius...	»	72
»	Ἁδδιξ ou Ἡμίεκτον	96	»	Semodius..	96
Ἁδδιξ	»	144	»	»	»
»	Ἐκτεύς.....	192	»	Modius...	192
»	»	»	Urna.....	»	288
»	Τριτεύς	384	»	»	»
Ἀμφορεύς ...	Ἡμιμέδιμνον .	576	Amphora..	Quadrantal	576
Μετρητής...	»	864	Cadus....	»	864
»	Μέδιμνος	1.152	»	»	»

Or, il résulte clairement de la comparaison des unités
métriques, placées en regard les unes des autres dans ce
tableau, que, si le système grec diffère en quelques points
du système romain, c'est uniquement parce qu'il est plus
complet et contient un plus grand nombre de mesures,
puisque, en effet, à l'exception de l'Urna, remplacée dans
le système grec par le Ἁδδιξ ou demi-Urna, toutes les

autres mesures romaines rencontrent un équivalent très-exact dans la série grecque.

Malgré la longueur des explications dans lesquelles je viens d'entrer, je n'ai réglé jusqu'ici que de *simples rapports*, au sujet desquels la généralité des métrologues s'accorde depuis longtemps ; et je ne pourrai en conclure les contenances effectives des diverses mesures auxquelles ces rapports s'appliquent que lorsque *la contenance* de l'une quelconque d'entre elles aura été enfin déterminée d'une manière certaine. Or, comme il est indubitable que, dans le système métrique grec, aussi bien que dans tous les autres systèmes, toutes les mesures de capacité dérivaient nécessairement des mesures linéaires, il est facile d'en conclure que toutes leurs contenances devaient être exprimées autrefois en fonction du dactyle cube, identiquement comme les contenances des mesures romaines se trouvaient exprimées elles-mêmes en fonction de l'once cube. Ce sera donc de cette manière que je chercherai, avant tout, à les exprimer ici.

Mais l'accord est loin d'exister, comme je l'ai déjà dit, entre les métrologues modernes, lorsqu'il s'agit d'en venir là ; et pour donner une idée de l'écart considérable qui existe entre leurs différentes évaluations, il me suffira de dire que M. Letronne élève, dans ses *Tables* (1), la contenance du Μέδιμνος jusqu'à........... 52 litres,3
quand M. Vazquez Queipo ne craint pas de la réduire, à la page 443 de son grand ouvrage, à.................. 39 litres,136.88
seulement ; ce qui constitue entre ces _____
deux évaluations une différence de.... 13 litres,163.12
à peu près égale *au tiers* de la contenance totale admise par M. Vazquez Queipo.

_____

(1) *Tabulæ octo nummorum, ponderum, et mensurarum apud Romanos et Græcos,* auctore A. Letronne. Paris, Firmin Didot, sans date, Tab. VIII.

Dans cet état de la question, les métrologues ne sont encore parvenus à formuler que *trois hypothèses*, aussi inadmissibles l'une que l'autre, ainsi qu'on va le voir :

La première a été adoptée par les savants les plus respectables, tels que Letronne, Ideler, Bœckh, et par plusieurs autres encore. Elle consiste à admettre, dans toutes les séries, l'égalité rigoureuse des mesures grecques et des mesures romaines correspondantes.

Les partisans de la seconde hypothèse, émise par Edouard Bernard, considèrent, au contraire, comme évident que l'Ἀμφορεύς devait être égal au cube du pied grec, identiquement comme l'Amphora était égale au cube du pied romain, et assignent, en conséquence, à cette mesure 4.096 dactyles cubes, pour déduire ensuite de cette expression les contenances de toutes les autres mesures de capacité.

Si cette hypothèse pouvait être exacte, il résulterait, de ce que la longueur du pied grec est *plus grande* que celle du pied romain, que toutes les mesures grecques de capacité devraient être considérées *comme sensiblement plus grandes* que les mesures romaines correspondantes, ce qui serait en contradiction manifeste avec les déclarations unanimes de tous les auteurs anciens.

Quant aux partisans de la troisième hypothèse, adoptée d'abord par Dupuy, Paucton, Romé de l'Isle, et ensuite, plus récemment, par M. Vazquez Queipo lui-même, ils ont évité, il est vrai, cette exagération, mais ils sont tombés dans l'excès contraire, en se contentant d'attribuer la contenance exacte d'un pied cube grec ou de 4.096 dactyles cubes, non plus à l'Ἀμφορεύς, mais au Μετρητής lui-même ; ce qui les a conduits à assigner à l'Ἀμφορεύς les $^2/_3$ de 4.096 dactyles cubes, c'est-à-dire, en d'autres termes, 2.730 dactyles cubes $^2/_3$ seulement, hypothèse encore plus inadmissible, s'il est possible, que la précédente, puisqu'elle revient, comme on va le voir, à réduire les mesures grecques aux $^3/_4$ environ des mesures romaines correspondantes.

Voici, en effet, quelles sont les contenances des mesures grecques de capacité, quand on les exprime, en dactyles cubes, dans les trois hypothèses précédentes :

NOMS des Mesures grecques de capacité.	Contenances (1) de ces mesures exprimées en dactyles cubes, dans les hypothèses admises		
	par Letronne.	par Ed. Bernard.	par Vazquez Queipo.
Μέδιμνος	7.247,7504	8.192	5.461 + 1/3
Μετρητής 3/4 du Μέδιμνος	5.435,8128	6.144	4.096
Ἀμφορεύς 2/3 du Μετρητής	3.623,8752	4.096	2.730 + 2/3 + 1/9
Τριτεύς 2/3 de l'Ἀμφορεύς	2.415,9168	2.730 + 2/3	1.820 + 1/3 + 1/18
Ἐκτεύς 1/2 du Τριτεύς	1.207,9584	1.365 + 1/3	910 + 1/6 + 1/18
Ἡμίεκτον 1/2 de l'Ἐκτεύς	905,9688	1.024	642 + 2/3
Ἀδόλξ 3/4 du Ἡμίεκτον 2/3 du Ἀδόλξ	603,9792	682 + 2/3	455 + 1/9
Χοῦς 3/4 de l'Ἀδόλξ	452,9844	512	341 + 1/3
Ἡμιχοῖνικον 2/3 du Χοῦς	301,9896	341 + 1/3	227 + 1/3 + 1/18
Μάρις 3/4 de l'Ἡμιχοῖνικον	226,4922	256	170 + 2/3
Χοῖνιξ 2/3 du Μάρις	150,9948	170 + 2/3	113 + 2/3 + 1/36
Ξέστης 1/2 du Χοῖνιξ	75,4974	85 + 1/3	56 + 1/3 + 1/9
Κοτύλη 1/2 du Ξέστης	37,7487	42 + 2/3	28 + 1/6 + 1/18
Τέταρτον 1/2 de la Κοτύλη	18,8743.50	21 + 1/3	14 + 1/9
Ὀξύβαφον 1/2 du Τέταρτον	9,4371.75	10 + 2/3	7 + 1/9
Κύαθος 2/3 de l'Ὀξύβαφον	6,2914.50	7 + 1/9	4 + 2/3 + 1/8 + 1/54

(1) Les diverses contenances inscrites dans ce tableau ont été calculées en les déduisant de celle de l'Ἀμφορεύς supposée égale, comme je l'ai dit, dans le premier cas, au cube d'un pied romain, c'est-à-dire à 3.623,8752 dactyles grecs cubes, dans le second, au cube d'un pied grec, c'est-à-dire à 4.096 dactyles cubes, et dans le troisième enfin, aux deux

La grande complication de la totalité des nombres contenus dans la première colonne de ce tableau et de la plupart de ceux que la troisième renferme suffit certainement pour faire comprendre combien il aurait été impossible de construire, *en employant seulement le pied grec*, des mesures cubiques ayant leurs contenances exprimées par de pareils nombres. Cette difficulté est sans doute un peu moindre dans le système imaginé par Edouard Bernard, puisque la contenance de l'Aμφορεύς, à laquelle il assigne une valeur exprimée par un nombre entier égal à la 12ᵉ puissance de 2, permet d'exprimer ensuite, par d'autres puissances du même facteur, nonseulement le Μέδιμνος égal à deux Aμφορεύς, mais encore le Δάδῆξ, le Χοῦς et le Μάρις, égaux au quart, au 8ᵉ et au 16ᵉ de la même mesure, et par conséquent donne le moyen d'exprimer les contenances de toutes ces mesures par des nombres *entiers* facilement décomposables en trois facteurs entiers. Mais cela n'empêche pas les autres expressions adoptées dans ce système d'être fractionnaires, et par conséquent d'introduire dans la pratique des difficultés assez grandes pour qu'il soit permis de les considérer comme de véritables impossibilités.

Et puisque, d'un autre côté, nous avons établi tout à

---

tiers de 4.096 dactyles, c'est-à-dire à 2.730 $^2/_3$ seulement. Quant à l'expression de 3.623,8752 dactyles cubes assignée au cube du pied romain, elle résulte de ce que ce pied est égal aux $^{24}/_{25}$ du pied grec ou, ce qui est la même chose, aux $^{24}/_{25}$ de 16 dactyles, soit à $^{384}/_{25}$ de dactyle, ou plus simplement encore à 15, 36 ; ce qui fait que le cube du pied romain exprimé en dactyles cubes est égal à $(15,36)^3 = 3.613,8752$. Si, pour ce calcul, et pour ceux qui en dérivent, j'ai assigné aux fractions la forme décimale, c'est en raison de l'extrème complication que l'usage de la forme grecque aurait entraînée dans ce cas. Au contraire, dans les deux autres cas, je me suis appliqué à conserver aux fractions cette dernière forme qui consiste, comme on le sait, à n'avoir jamais que l'unité au numérateur, à l'exception cependant de la fraction $^2/_3$, que les Grecs appelaient δίμοιρον, et qu'ils employaient sous la même forme que nous.

l'heure que l'Αμφορεύς est une mesure de création relativement récente, ainsi que le constate d'ailleurs l'*Etymologicum magnum*, dans lequel on lit : Αμφορεύς νεοτευχής (Hultsch, tom. I. pag. 347, lig. 8), comment ne pas voir que cette mesure n'est pas et ne peut pas être celle qui a été réglée la première pour servir de point de départ aux autres ?

Comment ne pas reconnaître également, quand il s'agit de l'hypothèse admise par M. Letronne, que le système métrique grec doit être rapporté à une antiquité plus reculée que le système romain, et que, par suite, ce n'est pas ce dernier système que les Grecs ont dû copier, lorsqu'ils ont commencé à régler leur système national?

Enfin, et par rapport au système que M. Vazquez Queipo s'est cru autorisé à adopter de préférence, comment est-il possible de ne tenir aucun compte de l'identité, ou au moins de la grande ressemblance que tous les anciens auteurs établissent, d'un commun accord, entre les mesures grecques et les mesures romaines correspondantes, et par suite, comment peut-on se refuser à reconnaître que l'on commet une erreur évidente, lorsqu'on ne donne aux contenances des mesures grecques que les trois quarts des contenances des mesures romaines, comme le tableau précédent l'indique?

M. Vazquez Queipo, qui cependant n'a pas craint d'admettre cette dernière proportion, ne pouvait pas ignorer qu'Isidore a dit, dans ses Etymologies : « *Cotula Emina est..... quœ geminata Sextarium facit* » (Hultsch, tome II, pag. 116, lig. 18), et que le pseudonyme Fannius a reproduit la même affirmation, lorsqu'il a dit :

« *At cotylas, quas, si placeat, divisse licebit*
« *Eminas, recepit geminas Sextarius unus* (Hultsch, tom. II, pag. 91,
[vers. 67 et 68).

Mais M. Vazquez Queipo combat ces assertions en faisant remarquer que leurs auteurs écrivaient *seule-*

ment au vi° siècle de notre ère, « *et ignoraient* consé-
» quemment, ajoute-t-il, *la véritable valeur des mesures*
» *grecques primitives* ». Si je ne me trompe, il y a lieu
de considérer, au contraire, la *conséquence* ainsi formulée comme singulièrement contestable et la confiance
que l'on accorde généralement aux anciens textes comme
infiniment mieux établie que les théories beaucoup trop
modernes du métrologue espagnol.

En résumé, je me crois autorisé à dire qu'Edouard
Bernard et Vazquez Queipo se sont certainement trompés
tous les deux lorsqu'ils ont assigné, dans leurs études
du système métrique grec, une contenance exacte de
4.096 dactyles cubes à la mesure qu'ils ont choisie
a priori pour servir à former toutes les autres, et l'erreur
qu'ils ont ainsi commise résulte surtout, il me semble
permis de le dire, de ce que la contenance, ainsi exprimée sous la forme algébrique 2^n, n'étant pas divisible
par 3, les a obligés à donner, aux expressions des
contenances de la plupart des autres mesures, des formes
fractionnaires complètement inadmissibles dans la pratique.

Au contraire, si l'on veut bien considérer :

1° Que, dans le système romain, toutes les contenances
précédemment calculées en onces cubes peuvent être
ramenées à la forme $2^n \times 3^m$;

2° Que, par conséquent, tous les nombres contenus
dans notre tableau de la page 30, tant pour le système
romain que pour le système grec, peuvent être également
ramenés à la même forme ;

3° Que, par conséquent aussi, toutes les expressions
des contenances des mesures grecques de capacité peuvent être écrites sous la forme $(2^n \times 3^m)$ K, en désignant
par K la contenance *encore inconnue* du Κύαθος ;

Et 4° enfin que toutes ces mesures se déduisent, ainsi
que je l'ai déjà fait remarquer, d'une mesure primordiale

successivement divisée en 2 ou en 3 parties égales, *et jamais autrement* ;

Il en résultera, d'une manière évidente, que l'expression de la contenance du Κύαθος lui-même ne doit renfermer, elle aussi, que les facteurs 2 et 3.

Si, après cela, on n'a pas oublié que les expressions admises par Edouard Bernard sont toutes un peu trop fortes, comme je l'ai constaté précédemment, et que celles de M. Vazquez Queipo sont, au contraire, beaucoup trop faibles, il en résultera, en second lieu, d'une manière non moins évidente, que la contenance réelle du Κύαθος doit être nécessairement comprise entre celle de 7 dactyles + $^1/_9$ admise par Edouard Bernard, et celle de 4 dactyles + $^2/_3$ + $^1/_8$ + $^1/_{54}$ admise par M. Vazquez Queipo, ou, en termes beaucoup plus simples, entre 7 et 5 dactyles ; et par conséquent enfin que cette contenance ne peut être égale qu'à *6 dactyles cubes = 2 × 3.*

S'il en est ainsi, comme il semble bien permis de le croire, les mesures grecques de capacité se trouveront finalement exprimées en dactyles cubes, de la manière indiquée dans le tableau suivant, par des nombres qui sont tous, on le remarquera, *exactement doubles* de ceux qui expriment, en onces cubes, les contenances des mesures romaines correspondantes :

Noms des mesures grecques de capacité affectées		CONTENANCES exprimées en dactyles cubes
AUX LIQUIDES.	AUX MATIÈRES SÈCHES.	
Κύαθος	Κύαθος	6
Ὀξύβαφον	Ὀξύβαφον	9
Τέταρτον	Ἡμικοτύλιον	18
Κοτύλη	Κοτύλη	36
Ξέστης	Ξέστης	72
»	Χοῖνιξ	144
Μάρις.........	»	216
»	Ἡμιδωδέκατον ...	288
Χοῦς	»	432
»	Ἀδδὶξ ἢ Ἡμίεκτον	576
Δάδιξ........	»	864
»	Ἑκτεύς	1.152
»	Τριτεύς........	2.304
»		
Ἀμφορεύς	Ἡμιμέδιμνόν	3.456
Μετρητής......	»	5.184
»	Μέδιμνος........	6.912

Les résultats ainsi obtenus se justifient d'ailleurs, par eux-mêmes, d'une manière bien complète, car ils suffisent pour montrer :

1° Que l'Ἀμφορεύς, égal à 3.456 dactyles cubes, contient très-exactement *deux Spithames cubes*, puisque, en effet, une Spithame grecque, divisée en 12 dactyles, fait correspondre une Spithame cube à 1728 dactyles cubes, et puisque 3.456 = 2 fois 1728 ;

2° Que le Μετρητής, égal à 5.184 dactyles cubes ou à 3 fois 1728, est égal, de son côté, à *3 Spithames cubes*,

Et 3° que le Μέδιμνος, égal à 6.912 dactyles cubes ou à 4 fois 1728, est égal, à son tour, à *4 Spithames cubes*, ou, en d'autres termes, à *la moitié d'une coudée cube*.

Or personne, je me plais à l'espérer, ne voudra attribuer à de simples jeux du hasard des coïncidences aussi remarquables ; et par suite, je ne crains pas de l'affirmer, toutes les théories proposées jusqu'à ce jour par mes devanciers doivent être dès à présent abandonnées d'une manière définitive, pour être remplacées par celle que je viens d'indiquer, et qui consiste à considérer les mesures grecques de capacité comme déduites *du cube de la coudée, à l'exclusion complète du cube du pied*, qui, par suite de la division du pied en 16 dactyles, n'a jamais servi, *ni pu servir* à la formation d'une mesure cubique grecque (1).

Ma démonstration serait cependant incomplète, si je négligeais de faire voir que, lorsqu'on déduit, comme je viens de l'indiquer, du cube de la demi-coudée les contenances de toutes les mesures de capacité, l'étalon-type de l'une quelconque de ces mesures peut être construit *géométriquement*, dans le système grec comme dans le système romain, en fonction de l'unité métrique nationale, et en n'employant que des nombres entiers.

Mais il est facile de reconnaître successivement :

1° Que la Κοτύλη, l'Ημιδωδἕκατον égal à 8 Κοτύλη, et le Τριτεύς égal à 8 Ημιδωδἕκατον, sont trois figures semblables, ayant toutes leurs arêtes doubles les unes des autres, et qu'ainsi, puisque la Κοτύλη, qui contient 36 dactyles cubes, est, comme le Sextarius romain, un prisme droit à base carrée de 3 dactyles de côté sur 4 de hauteur, il y a lieu d'en conclure que l'Ημιδωδἕκατον et le Τριτεύς sont aussi des prismes droits à base carrée de 6 et 12 dactyles de côté, sur 8 et 16 dactyles de hauteur ;

2° Que le Τέταρτον, égal à une demi-Κοτύλη, le Χοῖνιξ, égal à 8 Τέταρτον, et l'Εκτεύς, égal à 8 Χοῖνιξ, sont, par la même raison, trois figures semblables, ayant les mêmes bases que les figures précédentes et des hauteurs réduites à 2, à 4 et à 8 dactyles ;

3° Qu'il en est encore de même pour l'Οξύβαφον, égal à

(1) Voyez la note VI.

la moitié du Τέταρτον, pour le Ξέστης, égal à 8 Ὀξύβαφον, et pour l'Ἀδδὶξ, égal à 8 Ξέστης, qui sont des prismes droits, ayant toujours les mêmes bases, avec des hauteurs de 1, 2 et 4 dactyles;

4° Que le Δάδιξ, 8° partie du Μέδιμνος, est un prisme droit à base carrée, de 12 dactyles de côté sur 6 dactyles de hauteur, puisque le Μέδιμνος, égal à une demi-coudée cube, est lui-même un prisme droit à base carrée d'une coudée ou 24 dactyles de côté sur une demi-coudée ou 12 dactyles de hauteur;

5° Que le Χοῦς, 8° partie de l'Ἀμφορεύς, est un prisme droit à base carrée de 6 dactyles de côté sur 12 de hauteur, puisque l'Ἀμφορεύς, égal à 2 spithames cubes, est un prisme droit à base carrée d'une spithame ou 12 dactyles de côté sur 2 spithames ou 24 dactyles de hauteur;

6° Que, par conséquent, le Μάρις, moitié du Χοῦς, est un *cube* de 6 dactyles de côté;

7° Que le Μετρητής, égal à 3 spithames cubes, ou ce qui est la même chose à 5.184 dactyles cubes, peut être assimilé à un prisme droit de 18 dactyles de côté sur 16 dactyles de hauteur, puisque $18 \times 18 \times 16 = 5.184$ (1);

Et 8° enfin que le Κύαθος, qui ne contient que 6 dactyles cubes, doit être représenté lui-même par un prisme droit à base carrée de 2 dactyles de côté sur 1 datcyle et ½ de hauteur, cette dernière dimension de 1 dactyle et ½ étant la seule qui se présente exceptionnellement sous une forme fractionnaire; mais cette légère dérogation à la règle ne suffit pas, ce me semble, pour enlever aux résultats que je viens d'obtenir la grande valeur que je me crois en droit de leur attribuer, et je considère, en conséquence, comme définitivement démontré que tous les détails relatifs aux mesures grecques de capacité sont maintenant aussi bien connus que ceux qui se rapportent aux mesures romaines elles-mêmes.

Je réunis donc, avec la plus entière confiance, ces deux séries de mesures dans le tableau suivant:

_____

(1) Voyez la note VII.

Tableaux indicatifs et comparatifs des mesures de capacité Grecques et Romaines.

Mesures Grecques.

NOMS des MESURES.	EXPRESSIONS DES RAPPORTS QUE CES MESURES PRÉSENTENT ENTRE ELLES.	Contenances exprimées en dactyles cubes.
Κύαθος		6
Ὀξύβαφον		9
Ἡμικοτύλιον ou Τέταρτον		18
Κοτύλη		36
Ξέστης		72
Χοῖνιξ		144
Μάρις		216
Ἡμιεδέκατον		288
Χοῦς		432
Ἡμίεκτον ou Ἀδδίξ		576
Ἀδδίξ		864
Ἑκτεύς		1.152
»		
Τριτεύς		
Ἀμφορεύς ou Ἡμιμέδιμνον		
Μετρητής		
Μέδιμνος		2.304

Mesures Romaines.

NOMS des MESURES.	EXPRESSIONS DES RAPPORTS QUE CES MESURES PRÉSENTENT ENTRE ELLES.	Contenances exprimées en dactyles cubes.
Cyathus		3
Acetabulum		4 ½
Quartarius		9
Hemina		18
Sextarius		36
»		»
»		»
Congius		216
Semodius		288
»		»
Modius		576
Urna		864
Amphora		1.728
Cadus		2.592
»		»

CHAPITRE III.

Détermination en litres et fractions décimales de litre des contenances des mesures romaines de capacité.

Les contenances des mesures de capacité grecques et romaines, une fois exprimées, comme dans les deux chapitres précédents, en dactyles et en onces cubes, peuvent être aisément traduites en nouvelles mesures françaises, c'est-à-dire en litres et fractions décimales de litre, pourvu que l'on connaisse, au préalable, d'une manière suffisamment exacte, en fonction du mètre et de ses fractions, les longueurs effectives du pied grec et du pied romain.

Mais cette exacte détermination des mesures linéaires grecques et romaines n'est pas facile à obtenir, parce que, d'une part, aucun étalon du pied grec n'a encore été rencontré par personne, et parce que, de l'autre, les longueurs des étalons du pied romain, que l'on possède en assez grand nombre et que l'on conserve dans les musées, varient, en fait, de $0^m,294.3$ à $0^m,296.3$, et même quelquefois davantage (1).

On est assez généralement d'accord cependant pour admettre, malgré ces variations, que la longueur théorique du pied romain est restée constamment la même dans la suite des temps.

« Ce pied, a dit M. Saigey à la page 64 de son traité (2), » paraît être demeuré *invariablement le même*, pen- » dant toute la durée de la République, sous les empe-

(1) Voyez la note VIII.
(2) *Traité de métrologie ancienne et moderne;* par Saigey. Paris, librairie classique et élémentaire de L. Hachette — 1834.

» reurs, et même durant les premiers siècles de la féoda-
» lité ».

Et après avoir exprimé cette opinion, sans l'accompagner d'aucune preuve directe, le savant auteur, dont je
reproduis en ce moment la théorie, s'est contenté de donner l'énumération de quelques pieds romains parfaitement authentiques, qui sont :

1° Le pied Capponien et le pied Æbutien,

Les trois pieds en fer mesurés par Fabretti,

Le pied en bronze de la bibliothèque du Vatican,

Et le pied trouvé au Mont-Châtelet, entre Joinville et
Saint-Dizier, auxquels il a assigné une longueur de
130 lignes,6 ou de..................... 0^m,294.61

2° Le pied que Lucas Pætus, jurisconsulte
romain, a fait graver au Capitole, sur une
plaque de marbre, en le déduisant de la comparaison de trois pieds antiques très-sensiblement égaux entre eux, et qui a 130 lignes,5, soit........................... 0^m,294.38

Et 3° enfin, celui que l'on a calculé en
mesurant l'intervalle compris sur la voie
Appienne entre les bornes milliaires 42 et 46,
et dont la longueur correspond à.......... 0^m,294.25

Mais le même auteur a négligé de mentionner ensuite
les pieds dont les longueurs sont un peu plus grandes,
et cela sans doute dans le but d'affirmer plus aisément,
comme il n'a pas craint de le faire, sans y être suffisamment autorisé, que la véritable expression du pied romain antique doit être finalement réglée à... 0^m,294.5

Ainsi, dans son opinion, tous les pieds qui ont cette
longueur de 0^m,294.5 ou environ sont exactement confor-
mes à l'ancien étalon officiel, tandis que tous ceux dont
les longueurs s'élèvent jusqu'à 0^m,296 et au-dessus en
diffèrent, au contraire, d'une manière sensible.

Il est d'autant plus difficile d'admettre cette conclusion, que, lorsque M. Vázquez Queipo a eu à s'occuper,

à son tour, de la même recherche, il s'est cru autorisé à déduire des mêmes faits une conséquence complètement différente; voici d'ailleurs textuellement en quels termes il s'est exprimé, à la page 4 de son IIᵉ volume :

« Ce qu'il nous importe de savoir, dit-il (sans le prou-
» ver mieux que M. Saigey), c'est que, depuis les pre-
» miers temps de la République, le pied romain *se con-*
» *serva toujours le même*, et que, d'après les étalons
» trouvés à Herculanum et mesurés au musée Bourbon
» de Naples, par M. Cagnazzi, il devait être égal à
» 0ᵐ,296.20. Suivant cet auteur, ces étalons sont cinq
» pieds entiers en bronze et un demi-pied d'os, qui con-
» serve encore sa charnière, tout son brillant et son poli
» primitif sur plusieurs de ses parties. Les cinq pre-
» miers, excepté un seul, dont la construction ne paraît
» pas aussi soignée que celle des quatre autres, présen-
» tent sur une de leurs faces la division en 12 parties ou
» pouces et celle de 16 doigts sur les faces opposées. Ils
» se plient tous par le milieu au moyen d'une charnière.
» Le demi-pied d'os, qui conserve encore la moitié de sa
» charnière en bronze, et qui ne présente aucune division,
» quoiqu'il paraisse avoir été construit avec soin, est ter-
» miné par une autre plaque du même métal incrustée au
» bout opposé. La longueur de trois de ces cinq pieds en-
» tiers était, à très-peu de différence près, de 0ᵐ,294.35,
» et celle du cinquième de 0ᵐ,296.30. Le demi-pied d'os
» avait 0ᵐ,148.10 de longueur, ce qui donnerait pour le
» pied entier 0ᵐ,296.20, *valeur presque égale aux précé-*
» *dentes*... Cette valeur coïncide aussi avec deux autres
» pieds très-bien conservés existant au musée du Lou-
» vre, nᵒˢ 3.014 et 3.016, mesurés par les commissaires de
» l'Académie des inscriptions. La longueur, suivant
» M. Jomard (1), est de 0ᵐ,296.30 pour le premier, et de

_____

(1) *Mémoires de l'Académie des inscript.*, 2ᵉ série, vol. XII, p. 182.

» 0ᵐ,295.90 pour le second. C'est encore la valeur qu'ont
» les pieds Æbutien et Capponien, d'après les surmoulés
» en plâtre cités par M. Jomard (1). Nous pouvons donc
» adopter 0ᵐ,296.30 comme valeur définitive ».

La conclusion finale de M. Vazquez Queipo reste ainsi,
comme je l'ai déjà dit, diamétralement opposée à celle de
M. Saigey, puisque, en effet, ces deux auteurs, après
avoir admis, l'un aussi bien que l'autre, la réalité de
l'existence de deux séries de pieds romains, dont ils
fixent à peu près les longueurs à 0ᵐ,294.3 et à 0ᵐ,296.3,
se considèrent néanmoins comme suffisamment autorisés,
par leurs seules théories métrologiques, à assigner exactement au pied romain *l'une de ces deux dimensions à
l'exclusion de l'autre*, en attribuant à ce pied, sans
prendre la peine de justifier leur conclusion par des arguments plus directs et plus sérieux, le premier, *la plus
grande* des deux longueurs ci-dessus, et le second, au
contraire, *la plus petite*.

Il semblerait cependant, quand on veut admettre, avec
ces auteurs, l'invariabilité du pied romain, que la véritable expression de sa longueur devrait être alors égale à
une moyenne prise entre les deux longueurs précédentes,
c'est-à-dire à 0ᵐ,295.3 ou environ, conformément à la
théorie adoptée par M. Letronne et par quelques autres
métrologues célèbres. Mais l'hypothèse de l'invariabilité
du pied, sur laquelle tout le monde s'appuie, me semble
loin d'être démontrée, ainsi qu'on va le voir.

Rétablissons d'abord le simple exposé des faits, en le
complétant autant qu'il sera possible.

D'une part, M. Saigey assigne dans son traité :

1° Au pied de la voie Appienne......... 0ᵐ,294.25
2° Au pied de Lucas Pætus.............. 0ᵐ,294.38
3° A celui du Châtelet................. 0ᵐ,294.61

_____

(1) *Mémoires de l'Académie des inscript.*, 2ᵉ série, vol. XII, p. 182.

4° A celui du Vatican.................... 0ᵐ,294.61

Et 5° aux trois pieds en fer mesurés par
Fabretti............................... 0ᵐ,294.61

Et, de l'autre, M. Vazquez Queipo attribue :

A trois des cinq pieds entiers trouvés à
Herculanum............................ 0ᵐ,294.35
et en même temps :

1° A un autre de ces mêmes pieds........ 0ᵐ,296.30
sans tenir aucun compte du cinquième, qu'il
considère comme défectueux.

2° Au demi-pied d'os, provenant du même
endroit, 0ᵐ,148.10, ce qui donne pour le pied
entier................................... 0ᵐ,296.20

3° Au pied n° 3.014 du musée du Louvre.. 0ᵐ,296.30
et enfin au pied n° 3.016 .... 0ᵐ,295.90

M. Jomard mentionne, en outre :

1° Dans son rapport sur un pied antique
trouvé, en 1834, près de Caudebec (1), un demi-pied appartenant aussi au musée du Louvre, où il est inscrit sous le n° 3.015, et dont
la longueur est de 0ᵐ,147.3, d'où il conclut
pour le pied entier........................ 0ᵐ,294.60
et 2° dans son mémoire sur le système métrique des anciens Egyptiens (2), un autre pied,
ayant une longueur de.................... 0ᵐ,294.80
résultant de la mesure prise, en 1813, par
Scaccia, ingénieur des Marais Pontins, sur
une longueur de 90 pieds romains, tracée sur
le rocher de Terracine nommé Pisco Mon-
tano.

On trouve enfin, dans le traité de d'Anville
sur les mesures itinéraires des Romains, que

---

(1) *Mémoires de l'Académie des inscriptions*, XII° volume. Paris,
1839. — Histoire, p. 182.

(2) *Description de l'Egypte.* — Antiquités et Mémoires, t. Iᵉʳ, p. 575.

les pavés du Panthéon, qui ont 9 pieds 6 lignes, soit 2^m,941.6 sur chacun de leurs côtés, doivent être considérés comme égaux à un décempède carré, et permettent d'assigner ainsi au pied romain une longueur de....... 0^m,294.16

Dans le mémoire sur le système métrique des anciens Égyptiens, M. Jomard a encore ajouté à cette énumération les différentes expressions attribuées, par ses devanciers, aux longueurs effectives des pieds Statilien, Cossutien, Æbutien et Capponien. Mais ces pieds, qu'il n'est pas permis d'assimiler à des mesures réelles, et qui sont, tout au plus, *des représentations de mesures*, peuvent avoir été exécutés avec négligence par les ouvriers chargés de ce soin, et par suite peuvent différer, d'une manière sensible, soit en plus, soit en moins, de la véritable longueur d'un pied romain.

Il existe d'ailleurs de trop grandes différences entre les longueurs qui leur sont assignées par les auteurs qui en ont parlé.

C'est ainsi, par exemple, que le pied Statilien correspond, sur le tableau dressé par M. Jomard :

tantôt, d'après l'abbé Revillas, à.......	131 lignes	08
tantôt, d'après Auzout, à.............	131,	10
tantôt, d'après Greaves, à...........	131,	20

et qu'on trouve, de même pour le pied Cossutien :

tantôt, d'après l'abbé Revillas........	130 lignes	75
et tantôt, d'après Auzout............	131,	50

quand M. Saigey n'assigne à ces deux mesures que........................ 128, 80

C'est ainsi encore que le pied Æbutien

est réglé, par l'abbé Revillas, à........	131,	41
par Picard, à......................	131,	50
et par Fabretti, à.................	131,	80
et qu'enfin l'abbé Revillas donne.......	130,	94

au pied Capponien, quand M. Saigey n'assigne à ces deux mesures que.......... 130, 60

Par ces motifs, il y a lieu, ce me semble, de n'accorder qu'une confiance très-modérée aux arguments déduits des longueurs de ces quatre pieds, et j'omets, en conséquence, de les comprendre dans mon énumération.

Mais je me plais à espérer qu'on me permettra d'y ajouter, avec la plus entière confiance, le pied *Italique* de... $0^m,294.7$ de longueur, anciennement en usage à Métaponte et à Pæstum, dont l'existence a été démontrée, si mon illusion n'est pas complète, aussi bien par mon étude détaillée des ruines de Métaponte (1) que par celle dont le grand temple de Pæstum a été l'objet principal (2).

Je crois également qu'il peut m'être permis d'y ajouter encore et de prendre en grande considération la nouvelle expression de....... $0^m,296.3$ attribuée à la longueur du pied romain, soit par mon étude des dimensions de la Colonne Trajane, mesurée avec un soin si merveilleux par Piranèse (3), soit par mon travail sur la Maison Carrée de Nimes (4).

Et la conséquence nécessaire de tous les faits qui viennent d'être rappelés paraît être maintenant :

1° Que le pied romain, au lieu d'être demeuré invariable, comme on l'a cru jusqu'ici, a varié, au contraire, de $0^m294.3$ ou environ à $0^m,296.3$ ou environ ;

2° Que le pied de $0^m,294.3$ de longueur, qui est le plus

(1) *Etude des ruines de Métaponte*, dans la *Gazette des Architectes et du Bâtiment*, année 1865, pp. 37, 102, 121 et 140.

(2) *Etude des dimensions du grand temple de Pæstum*. Paris, 1868, J. Baudry, éditeur.

(3) *Etude des dimensions de la Colonne Trajane*, dans les *Mémoires de l'Académie du Gard*, année 1862, pag. 122.

(4) *Etude des dimensions de la Maison Carrée de Nimes*, dans les Mémoires de la même Académie, année 1863, pag. 73, et année 1864, pag. 121.

ancien des deux, a pu cependant être conservé sans
éprouver d'altérations sensibles pendant toute la durée
de la république, son invariabilité devant être considérée,
dans ce cas, comme la conséquence de la conservation,
dans les temples, des étalons officiels que l'on regardait,
à Rome, comme des objets sacrés et que l'on plaçait, à
ce titre, sous la garde des prêtres et sous l'autorité des
souverains Pontifes;

3° Enfin que, malgré cette précaution, et pour un
motif qui sera indiqué tout à l'heure, cet étalon officiel
de 0^m,294.3 de longueur a été corrigé et élevé jusqu'à
0^m,296.3, à une époque antérieure à la ruine d'Herculanum, ou, ce qui est à peu près la même chose, antérieure à l'érection de la Colonne Trajane, mieux encore
et en termes plus généraux, antérieure à l'origine de
notre ère.

Mais quel peut être ce motif dont je viens de parler?
Il ne semble pas difficile de le découvrir, si l'on veut bien
considérer que les géographes romains ont toujours
assigné une longueur exacte de 75 milles à la mesure
d'un degré du méridien terrestre, et qu'il résulte de cette
seule considération:

D'une part, que lorsque le pied était réduit à 0^m,294.3,
comme le mille n'avait, dans ce cas, que 1471^m,50, l'expression de la longueur du degré se trouvait alors égale
à 110.362^m,50 seulement, et contenait, par suite, une
erreur très-appréciable de 748^m,60, puisque la véritable
longueur du degré terrestre, parfaitement connue aujour-
d'hui, est elle-même égale à 111.111^m,10;

Et, d'autre part, que lorsque la longueur du pied a été
portée à 0^m,296.3, celle du mille devenant alors égale à
1481^m,50, a suffi pour élever la longueur du degré terrestre jusqu'à 111.112^m,50, c'est-à-dire, en d'autres
termes, jusqu'à sa valeur exacte, avec une différence
tout à fait négligeable, en pareil cas, de 1^m,40 seulement;
et comme le hasard ne produit pas ordinairement de

semblables résultats, on peut admettre, ce me semble, avec un degré de vraisemblance qui approche beaucoup de la certitude, que c'est dans l'unique but de rendre rigoureusement géographique l'expression de la longueur du pied romain que cette expression, base unique de tout le système, a été volontairement modifiée.

Elle n'avait pas et ne pouvait pas avoir ce caractère géographique à l'époque reculée où le système métrique romain a été établi; mais, dès que les progrès de la science astronomique ont offert les moyens d'obtenir cet important résultat, les Romains ont dû s'appliquer à introduire ce grand perfectionnement dans leur système; et ils l'ont fait, suivant les apparences, avec d'autant plus d'empressement que la modification à adopter était elle-même fort légère, puisqu'il suffisait, pour l'obtenir, d'ajouter seulement à l'ancien pied une longueur d'environ 2 millimètres, égale, en mesures romaines, à 2 scrupules, ou, si l'on aime mieux, à un douzième d'once. Nous dirions aujourd'hui *une ligne*.

Comme il n'est resté, dans l'histoire, aucune trace de cette modification, il semble permis d'admettre que les savants seuls y ont contribué, et ont pu la réaliser sans solliciter aucune loi spéciale, peut-être même à l'insu du peuple, qui n'aurait pas compris l'utilité d'une pareille réforme, et n'aurait pas consenti volontiers à tolérer la rectification des anciens étalons, conservés depuis si longtemps dans les temples comme des objets sacrés. Mais le consentement et le concours des prêtres préposés à la garde de ces étalons, celui surtout du souverain Pontife, ont été, dans tous les cas, nécessaires; et dès lors, tout porte à supposer que cette réforme a dû être contemporaine de celle qui a été introduite par Jules-César dans l'ancien calendrier romain. On sait que les plus savants astronomes de l'époque ont été consultés à ce moment, et il est extrêmement probable que c'est sur leur demande et suivant leurs indications que

César s'est décidé dans les deux cas. L'autorité que lui donnait son titre de souverain Pontife lui aurait servi, dans cette hypothèse, à obtenir, à la fois, deux réformes considérables ; l'une, celle du calendrier, naturellement assujétie à une grande publicité ; l'autre, celle de l'ancien pied, exécutée, au contraire, sans bruit et pour ainsi dire d'une manière clandestine, en se contentant de substituer, dans les temples, de nouveaux étalons aux anciens.

Si telle est, en effet, la vérité, il semble permis de considérer le demi-pied d'os trouvé à Herculanum , *entièrement dépourvu de graduation et à l'état de neuf*, comme un pied nouveau encore inachevé, auquel la destruction de la ville a seule empêché de mettre la dernière main.

Dans tous les cas, et quelle que puisse être la vérité par rapport aux diverses hypothèses que je viens d'é- mettre, il demeure au moins bien certain que la longueur primitive du pied romain peut être fixée avec une très- grande approximation à 0^m,294.3 ;

Que, par conséquent, la capacité du Quadrantal était égale, dans l'origine, au cube de 0^m,294.3, c'est-à-dire à 25 litres,490 ;

Et qu'enfin la série des plus anciennes mesures ro- maines de capacité doit être finalement réglée comme dans le tableau suivant :

Noms des mesures romaines	Contenances exprimées	
de capacité.	en onces cubes.	en litres.
Cadus	2.592	38,235
Amphora et Qua- drantal..........	1.728	25,490
Urna	864	12,745
Modius	576	8,497
Semodius	288	4,248
Congius..........	216	3,186
Sextarius	36	0,531
Hemina..........	18	0,265.50
Quartarius........	9	0,132.75
Acetabulum	4 ¹/₂	0,066.375
Cyathus	3	0,044.25
Once cube........	1	0,014.75

La difficulté consiste maintenant à savoir si ces contenances ont été modifiées, lorsque la longueur du pied romain a été portée de 0ᵐ,294.3 à 0ᵐ,296.3, et si, par conséquent, elles ont été augmentées proportionnellement à l'augmentation de la longueur du pied.

Quoique l'affirmative, sur ce point, soit susceptible d'être considérée *a priori* comme très-probable, on peut cependant l'établir d'une manière moins conjecturale, en s'appuyant sur les dimensions aujourd'hui bien connues du Conge Farnèse. Cette célèbre unité métrique, construite sous le VIᵉ Consulat de Vespasien, et dont il est impossible de méconnaître le caractère officiel, a été étudiée plusieurs fois par les métrologues, qui en ont toujours trouvé la contenance sensiblement plus grande que celle du cube d'un demi-pied romain. Aucun d'eux, cependant, n'a jamais cherché à donner une explication de ce fait anormal. C'est ainsi, notamment, que M. Hase, qui s'est occupé d'une manière spéciale du Conge Farnèse, dans les *Mémoires de l'Académie de Berlin*, année 1824,

2ᵉ partie, en a élevé la contenance jusqu'à 295^{lignes},037 cubes du pied de Paris, quand six onces romaines, alors même qu'on les mesure sur un pied de 0^m,296.3 de longueur, ne correspondent qu'à 0^m,148.15, c'est-à-dire à 65^{lignes},2 seulement, et par suite ne permettent pas d'élever la plus grande contenance possible du Conge Farnèse au-dessus de (65^{lignes},2)^3 ou de 277^{lignes},754 cubes.

Les circonstances qui ont conduit l'ancien constructeur de ce conge à élever ainsi la contenance d'un étalon métrique officiel au-dessus de celle à laquelle il devrait correspondre effectivement semblent, au premier abord, bien difficiles à découvrir ; j'essayerai néanmoins de le faire.

Lorsqu'on cherche à connaître, dans ce but, les véritables dimensions de cette mesure, dont la forme géométrique est celle qui résulte de la jonction des deux troncs de cône ayant toutes les bases égales, et qui sont réunis en faisant coïncider les deux grandes bases, on trouve, sur le mémoire de M. Hase, qu'il faut assigner :

Au diamètre des petites bases, 36 lignes du pied de Paris = 0^m,081.210,

A celui de la grande base, 72 lignes $^1/_2$ = 0^m,163.548,

A la hauteur du tronc de cône supér^r, 62 $^1/_2$ = 0,140.990 et à celle du tronc de cône inférieur, 60 $^1/_2$ = 0,136.478.

Il est facile d'en conclure que le diamètre des petites bases égal, *en fait,* et *à un quart de ligne près,* à la moitié du diamètre de la grande base, devait être, *en théorie,* précisément égal à cette moitié ; et cela, non-seulement parce que M. Hase, qui n'a fait connaître les mesures qu'il rapporte qu'à une demi-ligne près du pied de Paris, a très-bien pu faire correspondre, en nombres ronds, à 36 lignes seulement, c'est-à-dire à 3 pouces, une longueur effectivement égale à 36 lignes et *un quart,* mais encore et surtout parce que, en imposant au constructeur antique l'obligation de donner théoriquement au diamètre des petites bases la moitié du diamètre de la plus grande, le calcul ordinairement très-compliqué du volume d'un tronc de cône s'est trouvé simplifié d'une manière bien notable, puisque, en effet, ce volume dont l'expression algébrique est : $\frac{\pi}{3}(R^2 + Rr + r^2)\frac{h}{3}$; en désignant la hauteur par h, le rayon de la grande base par R et celui de la petite base par r, se réduit, quand $R = 2r$, à $\frac{\pi}{3}(4r^2 + 2r^2 + r^2)\frac{h}{3}$, c'est-à-dire à $22r^2\frac{h}{3}$.

Après avoir ramené à cette dernière forme l'expression du volume de chacun des troncs de cône qui servent à constituer le Conge Farnèse, il est clair que celui qui avait obtenu cette simplification pouvait se donner indifféremment, soit la hauteur h pour en déduire le rayon r, soit ce rayon lui-même pour en conclure la hauteur h; mais comme il aurait eu à résoudre, dans le premier de ces deux cas, une équation du deuxième degré, et dans le second, une équation du premier degré seulement, c'est évidemment ce dernier procédé qu'il a dû employer de préférence, et ce sont, par suite, les diamètres du Conge Farnèse qu'il a dû se donner *a priori*.

Cependant le plus grand, égal, d'après M. Hase, à $0^m,163.548$, n'a été ni réduit par le constructeur à 6 onces, ce qui ne l'aurait fait correspondre qu'à $0^m,148.15$, même en donnant au pied $0^m,296.3$ de longueur, ni élevé, par cet ouvrier, jusqu'à 7 onces, dont la longueur aurait été portée à $0^m,172.84$; par conséquent, l'expression antique du grand diamètre doit être *nécessairement fractionnaire*. D'autre part, comme une longueur de $0^m,163.548$ est beaucoup plus rapprochée de $0^m,172.84$ que de $0^m,148.15$, il est clair que cette expression du grand diamètre a dû être finalement choisie, en mesures romaines, plus près de 7 onces que de 6 onces, c'est-à-dire entre 6 onces $\frac{3}{4}$ et 7 onces; ce qui suffit pour montrer qu'elle n'a pu correspondre qu'à 6 onces $\frac{3}{4}$, parce que l'once, divisée en 24 scrupules, n'admettait, au dénominateur de ses fractions, que les facteurs 2 et 3; mais le diamètre de la grande base ainsi fixé à 6 onces $^{2}/_{3}$ donne, pour le rayon de cette base et pour le diamètre de la petite base, 3 onces $^{1}/_{3}$, et enfin pour le rayon de la petite base, 1 once $^{2}/_{3}$; ce qui revient à dire que l'unité métrique linéaire, au moyen de laquelle le constructeur du Conge Farnèse a réglé *a priori* les dimensions horizontales de cette mesure, a été nécessairement le *tiers d'once*, que l'on désignait, à Rome, sous le nom de *Duelle*. De sorte qu'il résulte, de ce qui vient d'être dit, que ce Conge a été certainement construit en imposant à l'ouvrier constructeur la condition de donner, *en nombres ronds*, au rayon

de la petite base........................	5 duelles,	
au diamètre de cette base et au rayon de la grande..................................	10	—
au diamètre de cette dernière base.........	20	—
et à la somme des deux diamètres........	30	—

ou 10 onces.

Mais ces dimensions ont-elles été prises sur un pied *ancien* de 0^{m},294.3 de longueur, ou sur un pied rectifié de 0^{m},296.3 ?

Telle est maintenant la difficulté que le tableau suivant permet de résoudre.

Dimensions exprimées en MESURES ROMAINES.	Mêmes dimensions exprimées en mesures françaises, quand on considère le pied romain comme égal à		Dimensions mesurées par M. Hase, sur le Conge Farnèse.
	0^{m}294.3	0^{m}296.3	
1 once $^{2}/_{3}$ = 5 duelles	0^{m}040.875	0^{m}041.15	18 lig. = 0^{m}040.605
3 onces $^{1}/_{3}$ = 10 —	0^{m}081.750	0^{m}082.30	36 lig. = 0^{m}081.210
6 onces $^{2}/_{3}$ = 20 —	0^{m}163.500	0^{m}164.60	72 lig, $^{1}/_{2}$ = 0^{m}163.548
10 onces = 30 —	0^{m}245.250	0^{m}246.90	108 lig. $^{1}/_{2}$ = 0^{m}244.758

Ce tableau fait voir, en effet, que les dimensions effectivement mesurées par M. Hase sur le Conge Farnèse, restent toutes sensiblement inférieures à celles qui sont rapportées au pied de 0^{m},296.3 de longueur, et, au contraire, sont très-sensiblement égales, et même un peu inférieures à celles qui correspondent au pied de 0^m,294.3. Ce tableau permet donc d'affirmer que le pied dont le constructeur s'est servi était, sans le moindre doute, un pied *ancien* de 0^m,294.3 de longueur.

La solution de cette première difficulté conduit maintenant à dire, sans beaucoup de peine, comment les deux autres dimensions ont été réglées. En effet, si nous désignons par H la somme des hauteurs des deux troncs, la contenance totale du Conge, égale à 216 onces cubes, ou, ce qui est la même chose, puisque une once contient 3 duelles, égale à 27 fois 216, c'est-à-dire à 5.832 duelles cubes, permettra d'écrire successivement :

$$22 \, r^2 \, \frac{H}{3} = 5.832.$$

$$r^2 \, H = \frac{3 \times 5.832}{22} = 795,2727$$

et enfin, puisque *r* est égal à 5 duelles, 25 H = 795,2727, d'où H = $\frac{795,2727}{25}$ = 31,81 ; ce qui fait que, pour traduire cette expression de la hauteur H en mesures romaines, il faut écrire : *à la rigueur*, H = 31 duelles 7 scrupules, et *d'une manière pratique*, H = 32 duelles, en attribuant ainsi à chaque tronc de cône 16 duelles ou environ de hauteur.

Voici donc quelles étaient les dimensions que les constructeurs romains étaient dans l'usage d'assigner *pratiquement* au Conge, quand ils voulaient lui donner la même forme qu'au Conge Farnèse :

Diamètre des petites bases.......	10 duelles.
Diamètre de la grande base......	20 —
Hauteur de chaque tronc de cône.	16 —
Les deux ensemble...........	32 —

Et puisque, dans le cas actuel, les dimensions horizontales ont été prises, par le constructeur, sur un pied ancien, il est clair que le Conge Farnèse reproduirait aujourd'hui fort exactement la contenance du Conge primitif, si sa hauteur totale se trouvait aussi prise sur

le même pied et si elle était en même temps égale à
32 duelles, c'est-à-dire à $0^m,261.60$.

Mais comme il arrive, en fait, que cette hauteur
est beaucoup plus grande, puisqu'elle s'élève, d'après
M. Hase, jusqu'à 123 lignes du pied de Paris $(60,5 + 62,5)$,
c'est-à-dire jusqu'à $0^m,277.467$, et puisqu'elle correspond
ainsi, non à 32 duelles seulement, mais à 34 duelles
égales, en mesures françaises, à $0^m,277.95$, quand on les
prend sur le pied de $0^m,294.3$ dont le constructeur s'est
servi, il semble, par cela seul, hors de doute que le
Conge Farnèse a été construit par un ouvrier qui a eu
l'intention *formelle* de donner à cette mesure une contenance *sensiblement plus grande* que celle de l'ancien
Conge, et dès lors, il est permis de croire que cette
contenance n'a pu être, dans la pensée de cet ouvrier,
que celle du nouveau Conge. Il est vrai qu'en ajoutant
2 duelles, ou, en d'autres termes, plus d'un centimètre et
demi à la hauteur normale, ce même ouvrier a été au-
delà du but qu'il se proposait d'atteindre; mais sa volonté
d'augmenter la contenance de l'ancien Conge n'en reste
pas moins évidente, et comme, d'ailleurs, l'inscription
que porte le Conge Farnèse suffit pour assigner à cette
mesure le caractère officiel qui lui appartient, il y a lieu,
ce me semble, de conclure, des faits qui viennent d'être
exposés, que les contenances des anciennes mesures
cubiques ont été incontestablement augmentées, à Rome,
avant le règne de Vespasien; que peut-être même le
Conge Farnèse a été construit dans le but de rendre
obligatoire cette augmentation; et, dans tous les cas,
que pour calculer exactement les nouvelles mesures cubiques romaines, il faut les déduire maintenant, non de ce
Conge tel qu'il est, mais d'un quadrantal égal au cube
de $0^m,296.4$, c'est-à-dire à $0^m,026.013$; ce qui permet de
régler de la manière suivante le tableau final des mesures romaines de capacité :

NOMS	CONTENANCES EXPRIMÉES		
DES MESURES ROMAINES de capacité.	en onces cubes	en litres.	
		avant J.-C.	après J.-C.
Cadus...........	2°.592	38¹,235	39¹,019.5
Amphora et Qua- drantal.........	1.728	25,490	26,013
Urna	864	12,745	13,006.5
Modius...........	576	8,497	8,671
Semodius.........	288	4,248	4,335.5
Congius..........	216	3,186	3,251.6
Sextarius	36	0,531	0,541.9
Hemina..........	18	0,265.50	0,270.9
Quartarius........	9	0,132.75	0,135.45
Acetabulum	4¹/₂	0,066.375	0,067.725
Cyathus	3	0,044.25	0,045.15
Once cube........	1	0,014.75	0,015.05

Et il résulte de ce tableau, que lorsque les Romains ont augmenté de 2 scrupules la longueur de leur unité mé- trique linéaire pour la rendre rigoureusement géogra- phique, ils n'ont augmenté, en même temps, leurs mesures cubiques que d'environ 2 pour 100.

CHAPITRE IV.

Détermination en litres et fractions décimales de litre des contenances des mesures grecques de capacité.

La suite de cette discussion conduit maintenant à faire, pour les mesures grecques de capacité, ce qui vient d'être fait pour les mesures romaines ; et, pour cette nouvelle recherche, la première difficulté qui se présente est celle qui consiste à trouver les véritables longueurs des mesures linéaires grecques ; ce qu'on ne peut faire que d'une manière indirecte, puisque, ainsi que je l'ai déjà dit, aucun étalon de ces mesures n'a jamais été découvert.

Les métrologues se servent ordinairement des dimensions de la façade du Parthénon, pour en déduire les longueurs des unités linéaires grecques, et j'imiterai leur exemple, parce qu'on sait historiquement que la façade de ce temple célèbre, autrefois surnommé l'Hécatompédon, avait une longueur exacte de 100 pieds. Mais rien n'indique malheureusement, d'une manière certaine, sur quelle partie du monument cette longueur de 100 pieds doit être mesurée, et la difficulté consiste à le découvrir.

Dans sa dissertation sur la détermination du pied grec, lue à l'Académie des sciences le 31 août 1757, l'architecte français Le Roy (1) a considéré comme évident que l'Hécatompédon doit être pris entre les deux angles saillants de la frise ; cette hypothèse n'a pourtant été adoptée jusqu'ici par personne.

Après lui, l'architecte anglais Stuart a soutenu, dans

(1) Cette dissertation se trouve à la page 29 du Tome V des *Monuments de la Grèce*, par Le Roy. — Paris, 1770.

son ouvrage sur les *Antiquités d'Athènes*, que cette
longueur de 100 pieds doit se trouver, au contraire, sur
la marche supérieure du soubassement, et voici en quels
termes il s'est exprimé, à la page 23 du tome II. de la
traduction française de ce grand ouvrage :

«Le nom d'Hécatompédon, donné au temple de Minerve,
» annonce qu'il avait 100 pieds d'étendue, et cette cir-
» constance m'a conduit à faire quelques recherches
» pour déterminer la mesure du pied attique. Pour cela,
» j'ai comparé la longueur de la marche inférieure, sur
» la façade, avec la même marche sur le côté du temple,
» et j'ai trouvé qu'elles étaient entre elles incommensu-
» rables. Il en a été de même pour les longueurs de la
» seconde marche sur la façade et sur le côté; mais la
» troisième marche, sur laquelle s'élèvent les colonnes du
» portique, m'ayant donné 101 pieds 1 pouce $^7/_{10}$ sur la
» façade, et 227 pieds 7 pouces $^1/_{20}$ sur chaque côté, ces
» deux longueurs sont entre elles si près du rapport
» exact de 100 à 225 que si la plus grande avait $^1/_4$ de
» pouce de moins, elle serait trop petite pour ce rapport.
» Ma mesure de la façade donne donc au pied attique
» 12.137 millièmes de pouce du pied de Londres, et celle
» des côtés 12.138 millièmes ».

Je démontrerai bientôt que cette hypothèse de Stuart
n'est pas plus exacte que celle de Le Roy. Elle a été
présentée cependant, je le reconnais sans peine, d'une
manière très-spécieuse, et cette circonstance a suffi pour
la faire adopter immédiatement par tout le monde. D'autant mieux que, pour lui donner une plus grande appa-
rence de vérité, on a beaucoup insisté sur la grande
importance que les anciens ont toujours attribuée aux
nombres carrés, qu'ils considéraient comme *les plus
puissants* de tous *(potentissimi numeri)* (1), et sur ce

(1) Censorin, *De Die Natali.* — Edition de La Haye, 1642, chap. XIV,
page 93.

fait singulier, que les nombres 100 et 225 sont deux nombres carrés, puisque $100 = 10 \times 10$, et puisque $225 = 15 \times 15$, qu'ils sont, en outre, égaux, l'un comme l'autre, au produit de deux nombres carrés, puisque $100 = 4 \times 25 = 2^2 \times 5^2$ et puisque $225 = 9 \times 25 = 3^2 \times 5^2$, et qu'enfin le rapport de 100 à 225 est exactement le même que celui de 4 à 9 exprimé aussi par deux nombres carrés.

Ces diverses considérations ont été regardées unanimement comme décisives, et depuis que Stuart a publié son travail, tous les métrologues s'accordent parfaitement avec lui pour admettre que la véritable longueur du pied grec doit être considérée comme rigoureusement égale à la centième partie de la largeur de l'assise supérieure du soubassement du Parthénon ; ce qui les conduit à assigner à ce pied, tantôt une longueur de $0^m,308.3$, calculée en adoptant la mesure de Stuart et en donnant au pied anglais, d'après l'*Annuaire du bureau des longitudes*, $0^m,304.8$, et tantôt une longueur de $0^m,308.6$, déduite de la mesure prise par l'ingénieur Foucherot, qui a trouvé, sur la marche supérieure du Parthénon, une longueur exacte de 95 pieds de Paris, ou, en mesures métriques, de $30^m,86$. Cette dernière expression est même celle que l'on préfère le plus souvent, parce qu'elle présente l'avantage de se trouver, avec le pied romain de $0^m,296.3$ de longueur, dans le rapport exact de 25 à 24, qui est précisément celui que les anciens auteurs ont toujours admis entre le pied grec et le pied romain ; et il résulte de là que cette expression de $0^m,308.6$ attribuée au pied grec est aussi rigoureusement géographique que celle de $0^m,296.3$ attribuée au pied romain, comme il est facile de s'en assurer *a priori*, en se rappelant que les Grecs égalaient la longueur du degré terrestre à 600 stades et le stade à 600 pieds, et qu'ils portaient, par conséquent, la longueur du degré à 360.000 pieds ; ce qui donne, pour cette longueur exprimée en mètres, quand le pied grec est supposé égal à 0m,308.6, 36 fois 3.086 mètres ou 111.096 mètres, au lieu de 111.111 mètres; et l'on arrive ainsi à une approximation aussi grande que possible, puisque la différence effective entre la mesure grecque et la mesure véritable ne dépasse pas 15 mètres.

Cet accord extraordinaire suffisait, ce me semble, pour faire naître quelques doutes et pour provoquer de nouvelles recherches, parce qu'il est bien certain que la longueur du degré terrestre ne pouvait pas être connue, en Grèce, au temps de Périclès, avec la même précision qu'aujourd'hui. Personne n'a songé cependant à faire cette remarque, et, en définitive, ainsi que je l'ai dit, l'opinion de Stuart a été adoptée par tout le monde.

C'est donc contre une opinion généralement admise que je me suis élevé, lorsque j'ai entrepris de prouver, dans mon *Etude des dimensions du Parthénon* (1), que l'Hécatompédon ne se trouve pas entre les arêtes saillantes de la marche supérieure du soubassement, comme Stuart l'a prétendu, sans preuves suffisantes, ou, en d'autres termes, ne se trouve pas *en avant* et *en dehors* de la façade principale, mais doit être pris, au contraire, *sur cette façade elle-même*, au niveau des bases des colonnes, de dehors en dehors.

Mon *Etude du Parthénon* n'a encore reçu qu'une publicité bien restreinte, et je considère, malgré cela, comme inutile d'en répéter ici tous les détails. J'en reproduirai cependant les parties principales :

(1) Voyez le premier chapitre de cette Etude dans les *Mémoires de l'Académie du Gard*, années 1865-66, tome VI, page 75.

Soit A B C D le plan du soubassement du Parthénon, sur lequel les colonnes du péristyle se trouvent marquées seules.

Appelons E la distance comprise entre les axes de deux colonnes consécutives, et e celle qui est comprise entre l'axe d'une colonne angulaire et les axes des colonnes voisines, cette longueur e étant, comme on le sait, toujours plus petite que E, dans les temples d'ordre dorique grec ; désignons enfin par R le rayon inférieur des bases des colonnes angulaires, toujours plus grand que celui des autres bases, et par a l'intervalle compris entre l'extrémité de ce rayon et l'arête saillante de la troisième marche du soubassement, intervalle qui est égal, d'après Stuart, à 4^{pouces},216 anglais, quand on le mesure jusqu'au fond des cannelures.

Si l'hypothèse de cet architecte est exacte, les deux équations suivantes doivent être vraies :

$$2\,a + 2\,R + 2\,e + 5\,E = 100 \text{ pieds grecs.}$$
$$2\,a + 2\,R + 2\,e + 14\,E = 225 \text{ pieds grecs.}$$

Si, au contraire, c'est mon hypothèse qui doit être

adoptée de préférence, je suis autorisé à écrire :

$$2\,R + 2\,e + 5\,E = 100 \text{ pieds grecs.}$$

et $2\,R + 2\,e + 14\,E = 226$ pieds grecs, au lieu de 225.

Mais on peut simplifier considérablement les équations qui précèdent et en éliminer, en même temps, les quantités encore inconnues R et e, en retranchant la première de ces équations de la seconde; ce qui donne, dans l'hypothèse de Stuart : $9\,E = 125$ pieds grecs,

et dans la mienne : $9\,E = 126$ pieds grecs , c'est-à-dire en d'autres termes :

Dans le premier cas, $E = {}^{125}/_9$ de pied grec = 3 palmes 2 dactyles $+ {}^1/_5 + {}^1/_{45}$ en effectuant la division à la manière des Grecs, qui n'admettaient que l'unité au numérateur de leurs fractions.

Et, dans le deuxième cas, $E = {}^{126}/_9 = 14$ pieds grecs !

En faut-il davantage, je ne crains pas de le demander maintenant, pour établir toute l'invraisemblance d'une hypothèse qui conduit non seulement à placer, comme je l'ai déjà dit, l'Hécatompédon *en dehors de la façade du Parthénon*, mais encore à supposer que les architectes d'un monument aussi considérable et aussi parfait ont pu choisir, *a priori*, pour déterminer la longueur de l'entre-axe des colonnes du péristyle, une expression à la fois aussi fractionnaire et aussi compliquée que celle de 13 pieds 3 palmes 2 dactyles plus $^1/_5$ plus $^1/_{45}$? et n'est-il pas évident, au contraire, qu'il y a lieu de préférer, dès à présent, à cette hypothèse, celle que j'ai émise, et qui consiste à placer l'Hécatompédon *sur la façade elle-même*, en attribuant à l'entre-axe des colonnes du péristyle une longueur exacte de *14 pieds grecs ?*

Sera-t-il nécessaire de rappeler, à l'appui de cette conclusion, que, dans les temples d'ordre dorique grec, le module ou, en d'autres termes, l'unité primordiale, de laquelle toutes les autres dimensions étaient déduites, a toujours été confondu avec l'entre-axe des triglyphes, égal à la moitié de l'entre-axe des colonnes, et que, par conséquent, la longueur de cet entre-axe des triglyphes doit se trouver habituellement exprimée par un nombre *entier*, et même, en général, par un nombre *impair*, si l'on veut tenir un compte suffisant de l'importance considérable que les anciens ont toujours attribuée au choix des nombres (1) ; ce qui revient à dire que la véritable expression de l'entre-axe des colonnes devait être, dans tous les cas, non-seulement *entière*, comme celle de l'entre-axe des triglyphes, mais encore *paire*, et que, par conséquent, dans le cas actuel, cette expression ne pouvait être égale qu'à 14 pieds ?

J'ai la confiance de donner encore une nouvelle et bien curieuse confirmation de cette hypothèse en ajoutant que le nombre 7, qui est, ainsi que je viens de l'indiquer, celui que Callicrates et Ictinus ont choisi *a priori* pour régler, en pieds grecs, l'expression de l'entre-axe des triglyphes; ou, plus exactement encore, pour constituer le module qui a servi de point de départ à toutes leurs autres déterminations, se trouve être précisément le nombre impair et premier que les anciens avaient consacré à Minerve, comme le Parthénon lui-même ; et je me plais à espérer qu'une pareille coïncidence ne pourra être mise par personne au rang de celles qu'un simple jeu du hasard est quelquefois capable de produire.

D'autres preuves encore plus concluantes, s'il est possible, seront pourtant ajoutées à celles que je viens d'indiquer ; mais pour avoir les moyens de les appuyer sur une base solide, j'ai besoin de discuter au préalable et même de rectifier, dans certains cas, les mesures de Stuart, qui ne sont pas toujours suffisamment exactes; et à cet effet, je les comparerai à celles que l'architecte anglais Penrose a données, dans son grand travail sur

(1) Voyez la note IX.

5

l'architecture grecque (1). Toutefois, comme les mesures de Stuart se trouvent généralement exprimées en pieds, pouces et fractions décimales *de pouce*, quand celles de Penrose sont exprimées, au contraire, d'une manière plus simple, en pieds et fractions décimales *de pied*, je faciliterai mes comparaisons en remplaçant, dans toutes les mesures de Stuart, les pouces et leurs fractions décimales par des fractions décimales de pied. Ainsi, par exemple, je substituerai à l'expression de 101 pieds 1 pouce $^7/_{10}$, que Stuart assigne à la largeur de la troisième assise du soubassement, celle de 101^{pieds},1417 qui a une valeur identique, quoique mise sous une autre forme; et cette nouvelle forme, qui est celle que Penrose a préférée, offrira l'avantage de permettre des comparaisons directes.

En fait, Penrose a attribué, dans le cas actuel, à la largeur de la marche que nous considérons :

Sur la façade Est, 101^{pieds},341) soit en moyenne
Et sur la façade Ouest, 101^{pieds},361)   101^{pieds},3510
et il suffit de mettre cette expression en
regard de celle de Stuart ramenée, comme
on vient de le voir, à................ 101^{pieds},1417
pour constater aussitôt qu'il existe, entre
elles, une différence de.............. 0^{pied},2093
c'est-à-dire, en d'autres termes et très-approximativement, une différence de 2 pouces et demi.

La différence est encore plus sensible, quand on opère sur la longueur de la même marche; car Penrose assigne à cette longueur :

---

(1) *Principles of Athenian Architecture* by Cranmer Penrose, London, MDCCCLI.

sur le côté nord du temple 228^{pieds},141 ⎰ en moyenne
et sur le côté sud........ 228^{pieds},154 ⎱ 228^{pieds},1475
quand Stuart lui donne seulement
227 pieds 7 pouces,05, soit............ 227^{pieds},5875
ce qui élève la différence à............ 0^{pied},56
c'est-à-dire à plus de 6 pouces !

En dernier lieu, il résulte des équations qui précèdent
qu'il faut compter, en moyenne, d'après Penrose, pour la
longueur de 9 entre-axes :
228^{pieds},1475 moins 101^{pieds},3510 , soit... 126^{pieds},7965
et d'après Stuart : 227^{pieds},5875, moins
101^{pieds},1417, soit..................... 126^{pieds},4458

Ce qui porte, dans ce cas, la différence
entre les deux mesures à.............. 0^{pied},3507

Ainsi les dimensions, mesurées par Stuart sur les arêtes
supérieures du soubassement du Parthénon, sont toutes
plus faibles que celles qui ont été trouvées, sur les mêmes
arêtes, par Penrose; et il en est de même naturellement,
quand on déduit de ces mesures l'expression moyenne de
la longueur d'un entre-axe, puisque, en effet, cette expression, calculée en pieds anglais, devient alors égale à
$\frac{126\ pieds,7965}{9}$ = 14^{pieds},0885 , quand on se sert des mesures de Penrose, et à $\frac{126\ pieds,4458}{9}$ = 14,^{pieds}0495 seulement, quand on se sert de celles de Stuart.

Je ne dois pas négliger de faire remarquer néanmoins
qu'au lieu d'adopter cette dernière expression de l'entre-
axe moyen , telle qu'elle résulte des mesures qu'il a
relevées lui-même, Stuart a mieux aimé assigner, en
fait, dans son ouvrage :

Au diamètre inférieur des colonnes.... 6^{pieds} 1 ^{pouce},8
Et aux entre-colonnements......... 7^{pieds}11 ^{pouces},5
ce qui lui donne, pour l'entre-axe, un
total de .... 14^{pieds} 1 ^{pouce},3
c'est-à-dire, en d'autres termes, 14^{pieds},10833, au lieu de
14^{pieds},0495.

Quoiqu'il semble, au premier abord, bien difficile de

découvrir par suite de quelles circonstances il a pu être amené à agir de la sorte, comme cette nouvelle détermination de l'entre-axe est *supérieure* à celle qui résulte des mesures de Penrose, au lieu de lui rester *inférieure*, ainsi que dans tous les autres cas, et comme il résulte de là qu'elle est en contradiction manifeste avec toutes mes affirmations précédentes, je me trouve forcément conduit à discuter cette détermination, pour montrer à la fois l'inexactitude de l'indication de Stuart et la parfaite exactitude de mes appréciations particulières.

Je le ferai en prouvant que Stuart n'a jamais mesuré *directement* cet entre-axe des colonnes, et qu'ainsi l'expression qu'il en a donnée est non-seulement *calculée* par lui, mais encore mal calculée.

Penrose n'a pas commis la même faute ; car, au lieu d'imiter Stuart, qui a considéré les entre-axes du Parthénon comme rigoureusement égaux entre eux, ce qui ne peut être vrai qu'en théorie, ce consciencieux architecte s'est imposé l'obligation de mesurer, l'un après l'autre, tous les entre-axes de ce monument ; ce qui lui a donné :

1° Pour les 5 entre-axes de la façade Est, une longueur de................ 70^{pieds},496

Soit, en moyenne, pour l'un d'eux, 14^{pieds},0992,

2° Pour les 14 entre-axes de la façade Sud.......................... 197^{pieds},240

Soit, pour l'un d'eux, 14^{pieds},0885,

3° Pour 13 entre-axes de la façade Nord 183^{pieds},184

Soit, pour l'un d'eux, 14^{pieds},0911,

Et 4° en total pour 32 entre-axes...... 450^{pieds},920

Soit, pour un seul, en moyenne générale, et par conséquent aussi exactement que possible, 14^{pieds},09125, au lieu des 14^{pieds},0885, qui ont été calculés tout à l'heure d'une manière un peu moins exacte, puisque cette dernière expression ne résultait alors que de la longueur assignée à 9 entre-axes.

Il semble permis de trouver, dans ces mesures directes de Penrose, un premier indice de l'erreur matérielle que je n'ai pas craint d'attribuer à Stuart. Mais la réalité de cette erreur résulte surtout de ce que ce dernier architecte a considéré les entre-axes angulaires des façades latérales comme *sensiblement plus petits* que ceux des façades principales, en assignant, aux distances $e + R + a$, correspondant aux quatre angles des façades latérales, une longueur uniforme de $15^{pieds},0^{pouce},425 = 15^{pieds},0354$ seulement, et, au contraire, aux mêmes distances prises sur les façades principales, $15^{pieds}, 3^{pouces},6 = 15^{pieds},300$; ce qui est en contradiction non-seulement avec la théorie, mais encore et surtout avec les mesures *directes* de Penrose, qui donne, de son côté, pour ces mêmes longueurs :

1° Sur la façade latérale Sud, du côté de l'Est..... $15^{pieds},468$

Et du côté de l'Ouest. $15^{pieds},449$ en moyenne, $15^{pieds},453$

2° Sur la façade latérale Nord, du côté de l'Ouest.. $15^{pieds},443$

Et 3° sur la façade principale Est, au Nord...... $15^{pieds},367$ en moyenne, $15^{pieds},422$

Et au Sud........... $15^{pieds},478$

De sorte qu'en définitive les mesures de Stuart sont encore, dans ce nouveau cas, *toujours inférieures* à celles qui ont été rapportées par Penrose, quand, au contraire, elles ne leur sont *supérieures* que pour ce qui concerne les entre-axes principaux.

Mais cette étrange contradiction peut être expliquée sans beaucoup de peine, en admettant :

1° Qu'après avoir mesuré, avec le plus grand soin, la longueur et la largeur de la marche supérieure, Stuart s'est contenté de prendre, *sur l'un des angles du Parthénon choisi arbitrairement*, la distance $a + R + e$

comprise entre l'arête de cette marche et le centre de la deuxième colonne ;

2° Que l'angle ainsi choisi a été précisément l'angle Nord de la façade Est, c'est-à-dire celui où Penrose a trouvé *exceptionnellement* une longueur de 15^{pieds},367, quand toutes les autres longueurs analogues sont *supérieures* à 15^{pieds},44; ce qui fait que Stuart a mesuré naturellement en cet endroit 15^{pieds},300 seulement, avec une différence en moins de 0^{pied},067 pour 15,3, ou, ce qui est la même chose, de 0^{pied},67 pour 153 pieds, sensiblement proportionnelle aux différences précédemment calculées dans les cas semblables ;

Et 3° Qu'après s'être appliqué à prendre exactement ces premières mesures, Stuart a considéré comme inutile d'en prendre encore d'autres, et s'est, en conséquence, contenté de *calculer*, de la manière suivante, les dimensions qui lui manquaient :

a) Il a d'abord retranché de la largeur de l'assise supérieure du soubassement, égale à.... 101^{pieds},1417 le double de la distance de 15^{pieds},300 mesurée par lui sur le côté Nord, soit......... 30^{pieds},6000 ce qui lui a donné pour les 5 entre-axes du milieu de la façade.................... 70^{pieds},5417 et, par conséquent, pour l'un d'eux, 14^{pieds},10833, comme ci-dessus. Mais en opérant de la sorte, il s'est trompé *en plus*, puisque les mesures de Penrose prouvent que, sur cette façade de l'Est, la distance angulaire prise du côté du Sud, au lieu d'être rigoureusement égale, comme Stuart l'a cru à tort, à la même distance prise du côté du Nord, *la dépasse*, au contraire, de 0,^{pied}111 ;

b) Stuart s'est ensuite servi de la longueur de 14^{pieds}, 10833 ainsi assignée *fautivement* à l'entre-axe des colonnes, pour obtenir, en multipliant cette distance par 14, la longueur totale des 14 entre-axes des faces latérales, et a introduit ainsi, dans l'expression de cette

longueur totale égale à 197^{pieds},5166, une erreur *14 fois*
plus grande que l'erreur précédente ;

c) De sorte que, lorsqu'il a voulu retrancher de la
longueur totale de la marche supérieure du soubasse-
ment.égale à................................... 227^{pieds},5875
cette dernière longueur de............... 197^{pieds},5166
afin de régler ainsi à................... 30^{pieds},0709
la somme des longueurs des deux distances angu-
laires d'une façade latérale, ou, en d'autres termes,
lorsqu'il a réduit l'une quelconque de ces deux distances à la moitié de cette somme, c'est-à-dire, comme on
l'a vu tout à l'heure, à 15^{pieds},035, il a commis une dernière erreur *en moins* encore plus grande que les erreurs précédentes, dont celle-ci n'est que la conséquence.

Fort heureusement ces erreurs *de calcul* commises par
Stuart, capables seulement de tromper ceux qui n'ont
pas les moyens de les expliquer, comme je viens de le
faire, ne diminuent en aucune façon la valeur de toutes les mesures *directes* qu'on doit à cet architecte, et je
considère en particulier comme certain que celles qui ont
été prises par lui sur la marche supérieure du soubassement ont exactement la même importance que
celles qui ont été relevées sur les mêmes points par
Penrose ; car elles ont été obtenues, les unes aussi bien
que les autres, avec un soin minutieux et à l'aide d'instruments très-perfectionnés.

On sait, en effet, que Stuart s'est servi d'une règle en
cuivre soigneusement graduée, pour cet objet spécial,
par Jean Bird, l'un des meilleurs artistes de son temps,
et que, de son côté, Penrose a pareillement employé des
instruments, non-seulement fabriqués exprès pour lui,
mais encore étalonnés deux fois, pour plus de sûreté, en
Angleterre, d'abord avant le départ, et ensuite après le
retour. La plus grande confiance doit donc être accordée
aux opérations de ces deux architectes ; et, si les résultats
qu'ils ont obtenus diffèrent finalement, ce ne peut être

que par suite de l'*inégalité des pieds* qu'ils ont eus à leur disposition, la vérité de cette conclusion résultant aussi de ce fait, que les différences déjà constatées croissent à peu près proportionnellement aux longueurs mesurées, puisque nous venons de trouver ces différences égales à $0^{pied},2093$ pour correspondre à une longueur d'environ 100 pieds, à $0^{pied},3507$ pour une longueur de 126 pieds, et à $0^{pied},5600$ pour une longueur d'environ 226 pieds.

Peut-être même pourrait-on aller jusqu'à croire qu'elles seraient encore plus exactement proportionnelles aux longueurs mesurées, si Stuart avait pris la peine d'étendre son travail aux quatre côtés du temple, qui, dans la pratique, ne peuvent jamais être rigoureusement égaux de deux en deux, ou du moins, si cet architecte nous avait fourni les moyens de comparer plus rigoureusement ses mesures à celles de Penrose, en nous faisant connaître, d'une manière précise, quels sont les côtés qu'il a mesurés.

Quoi qu'il en soit, et malgré cet état d'incertitude, les mesures rapportées par Stuart semblent parfaitement susceptibles d'être considérées, très-approximativement, comme égales à la moyenne des mesures prises par Penrose ; et, par conséquent, en désignant par Ps la longueur du pied employé par Stuart, et par Pp la longueur de celui qui a été employé par Penrose, on peut admettre comme certain qu'on ne se trompera pas d'une manière sensible en écrivant successivement :

1°........ $101^{ps},1417 = 101^{rp},3510$

d'où $Ps = \frac{1013510}{1011417} Pp = 1,002.07\ Pp$,

2°........ $227^{ps},5875 = 228^{rp},1475$

d'où $Ps = \frac{2281475}{2275875} Pp = 1,002.46\ Pp$,

et 3° enfin, en additionnant ces deux équations pour obtenir une moyenne plus exacte : $328^{ps},7292 = 329^{rp},4985$

d'où $Ps = \frac{3294985}{3287292} Pp = 1,002.34\ Pp$,

ce qui revient à dire que le pied employé par Stuart

devait excéder celui dont Penrose s'est servi d'une
quantité égale aux 234 cent millièmes d'un pied anglais,
ou, ce qui est la même chose, égale aux 28 millièmes
d'un pouce, quantité que l'on peut traduire, très-approximativement, en mesures françaises, par 7 dixièmes de
millimètre; et c'est évidemment par suite de cet excès de
longueur que toutes les mesures relevées directement
par Stuart sont *plus faibles* que celles qui ont été prises
sur les mêmes points par Penrose, le même fait pouvant
être attribué aussi, dans une certaine mesure, à l'influence de la température, parce que Penrose a opéré en
hiver, du mois de septembre 1846 au mois de mai 1847,
quand les opérations de Stuart ont pu être faites à une
autre époque de l'année.

Quelle que soit, au fond, la vérité sur ce point, la difficulté consiste maintenant à déterminer, d'une manière
exacte, les rapports qu'il convient d'établir entre la longueur du mètre et celle des pieds anglais dont Stuart et
Penrose se sont servis, afin de pouvoir exprimer ensuite
en fonction du mètre, à l'aide de cette détermination,
non-seulement les longueurs de ces pieds, mais encore
celle du pied grec lui-même.

Or, on peut y parvenir, sans beaucoup de peine, en se
servant des mesures métriques que l'un des pension-
naires de l'Ecole française d'Athènes, M. Paccard, a eu la
précaution de prendre, avec beaucoup de soin, sur la
marche supérieure du soubassement du Parthénon.

Les résultats de ces mesures, qui n'ont jamais été pu-
bliés à ma connaissance, sont consignés de la manière
suivante dans une lettre de cet architecte, dont je dois la
communication à une bienveillante intervention de
M. Viollet-le-Duc :

Longueurs mesu-
rées sur les faça-
des principales : { du côté de l'Est, 30m,8495 en moyenne, 30m,85125
du côté de l'Ouest, 30m,8530

Longueurs mesu- du côté du Nord, 69^m,4395 en
rées sur les faça- moyenne,
des latérales : du côté du Sud, 69^m,4445 69^m,4420

et comme M. Paccard a eu soin d'ajouter dans sa lettre
« qu'il a pris toutes les précautions possibles pour éviter
» toute chance d'erreur », il semble d'autant plus permis
de considérer ses opérations comme très-régulières, que
leur résultat coïncide, aussi bien que possible, avec celui
que l'ingénieur Foucherot a obtenu, de son côté, lorsqu'il a assigné, à la marche supérieure du Parthénon,
une longueur exacte de 95 pieds de Paris, soit 30^m,859.

Cependant, avant de comparer ces mesures à celles
de Penrose, et pour rendre cette comparaison encore
plus exacte, il est nécessaire de faire remarquer que
M. Paccard déclare, dans sa lettre, qu'elles ont été prises
sur la partie *inférieure* de la marche du Parthénon,
quand on sait, d'une part, que celles de Penrose ont été
prises sur l'arête *supérieure* de la même marche, et de
l'autre, que le parement de cette marche n'est pas vertical et présente une inclinaison sensible, mesurée par
Penrose et fixée par lui à 12 millièmes d'un pied anglais ;
de sorte que, pour comparer d'une manière rigoureuse
les mesures de Paccard à celles de Pensore, il est nécessaire d'augmenter ces dernières mesures du double de
0^{pied},012.

On est ainsi conduit à écrire, en comparant entre
elles les *longueurs moyennes* précédemment calculées :

1° Pour les façades principales :

$$101,^{pp}351 + 0^{pp},024 = 101^{pp},375 = 30^m,85125,$$

$$\text{d'où } Pp = \frac{30^m.85125}{101^m.375} = 0^m,304.32.$$

Et 2° pour les façades latérales :

$$228^{pp},1475 + 0^{pp},024 = 228^{pp},1715 = 69^m,442,$$

$$\text{d'où } Pp = \frac{69^m.442}{228^m.1715} = 0^m,304.34.$$

Et 3° enfin en additionnant les deux équations précédentes, afin d'obtenir une moyenne plus exacte :

$$329^{\text{rr}},4985 \; + \; 0^{\text{rr}},048 \; = \; 329^{\text{rr}},5465 \; = \; 100^{\text{m}},29325,$$
$$\text{d'où } \mathrm{Pp} = \frac{100^{\text{m}},29325}{329^{\text{m}},5465} = 0^{\text{m}},304.33 \; ;$$

et, comme le pied de Stuart est, ainsi qu'on l'a déjà constaté, dans le rapport de 1 à 1,002.34 avec le pied de Penrose, il est nécessaire d'admettre, en outre, que ce pied de Stuart devait être lui-même égal à $0^{\text{m}},304.33 \times 1,002.34$, c'est-à-dire à $0^{\text{m}},305.04$.

Mais la longueur officielle du pied *légal* anglais doit être réglée, d'après l'*Annuaire du Bureau des longitudes*, à $0^{\text{m}},304.795$, et il résulte de là qu'en définitive le pied de Stuart *dépassait* le pied légal de $0^{\text{m}},000^{\text{mm}}.245$, tandis que, au contraire, celui de Penrose restait *au-dessous* de la même mesure de $0^{\text{m}},000^{\text{mm}}.465$; ce qui est extrêmement vraisemblable.

En admettant l'exactitude de ces résultats, voici comment les dimensions de la marche supérieure du Parthénon doivent être finalement exprimées en mesures françaises :

D'après Stuart :

En largeur, $101,1417 \times 0^{\text{m}}.305.04 = 30^{\text{m}},852$,

En longueur, $227,5875 \times 0^{\text{m}},305.04 = 69^{\text{m}},423$,

Et d'après Penrose :

En largeur dans le haut, $101.351 \times 0^{\text{m}},304.33 = 30^{\text{m}},844$,

dans le bas, $101.375 \times 0^{\text{m}},304,33 = 30^{\text{m}},851$,

En longueur dans le haut, $228.1475 \times 0^{\text{m}},304.33 = 69^{\text{m}},432$,

dans le bas, $228.1715 \times 0^{\text{m}},304.33 = 69^{\text{m}},439$.

De son côté, M. Paccard donne pour les mêmes dimensions prises dans le bas de la marche :

En largeur, $30^{\text{m}},85125$,

En longueur, $69^{\text{m}},442$;

et, par conséquent, comme la double inclinaison du parement de cette marche a été réglée par Penrose à $0^{\text{rr}},024$, et correspond ainsi, en mesures métriques, à $0^{\text{m}},007.3$, on voit, en retranchant cette quantité des deux mesures précédentes, que les dimensions assignées par M. Paccard à l'arête *supérieure* de la même marche

ont : { en largeur 30ᵐ,844.9,
{ et en longueur...... 69ᵐ,4347.

Il y a donc *accord parfait*, on peut le dire, entre les mesures de M. Paccard et celles de Penrose ; et, de cet accord, il résulte évidemment que les dimensions de l'arête supérieure de la troisième marche du soubassement du Parthénon peuvent être fixées d'une manière très-exacte, et je ne crains pas de dire, à 1 millimètre près :

En largeur à 30ᵐ,844,
Et en longueur à ...... 69ᵐ,434.

De sorte que ces deux dimensions, au lieu de se trouver entre elles dans le rapport de 100 à 225, sur lequel Stuart a fondé toute sa théorie, en diffèrent, au contraire, d'une manière sensible et sont finalement entre elles comme 100 est à 225,113.

D'un autre côté, comme les mesures de Stuart, quand on les compare à celles qui viennent d'être réglées à 30ᵐ,844 sur 69ᵐ,434, n'en diffèrent, au fond, que d'*un centimètre* pris *en plus* dans le sens de la largeur et *en moins* dans celui de la longueur, il ne sera peut-être pas défendu d'aller jusqu'à croire que ces légères différences ont été introduites *à dessein* dans le résultat final, à l'effet seulement d'y trouver, d'une manière plus exacte, ce fameux rapport si extraordinairement exprimé par les nombres carrés 100 et 225.

Quoi qu'il en soit, et sans insister sur ce détail, voici, lorsqu'on veut bien adopter l'hypothèse que je propose, comment la véritable longueur du pied grec Parthénonien doit être déduite des dimensions qui viennent d'être assignées à la marche supérieure du soubassement du Parthénon : Il faut, pour y parvenir, retrancher d'abord, de chacune de ces dimensions, les deux intervalles compris, au niveau du pavé du temple, entre les arêtes saillantes de cette marche et les quatre côtés du rectangle formé en menant quatre lignes tangentes aux bases des colonnes du péristyle, intervalles qui ont été réglés, ainsi que je l'ai déjà dit, par Stuart, à 4^{pouces},216 anglais, que Penrose a mesurés, de son côté, deux fois, en leur assignant, dans le premier cas, 0^{rp},345, et dans le second 0^{rp},3465, et qui correspondent ainsi en mesures françaises à 0^m,105.

Les longueurs des deux côtés du rectangle circonscrit aux bases des colonnes se trouvent alors réduites, en diminuant de 0^m,210 chacune des dimensions précédentes :

en largeur à....... 30^m,634,
et en longueur à... 69^m,224.

et sont égales, dans mon hypothèse :

La première à 100 pieds grecs comprenant : 1° dans le milieu de la façade, 5 entre-axes normaux égaux chacun à 14 pieds, ensemble 70 pieds ; et 2° à chacune des extrémités de cette même façade, une longueur complémentaire de 15 pieds, prise entre le côté du rectangle circonscrit et le centre de la deuxième colonne, ensemble 30 pieds, et en total 100 pieds ;

Et la seconde à 226 pieds comprenant : 1° au milieu, 14 entre-axes de 14 pieds, soit 196 pieds, et 2° aux extrémités, deux longueurs complémentaires égales ensemble, aussi bien que les précédentes, à 30 pieds, en total 226 pieds ; de sorte que l'on peut écrire indifféremment :

30^m,634 = 100 pieds, d'où 1 pied = 0^m,306.34

et 69^m,224 = 226 pieds, d'où 1 pied = $\frac{69^m,224}{226}$ = 0^m,306,30.

Je me crois, en conséquence, autorisé à affirmer, dès à présent, qu'on se rapproche le plus possible de la vérité, quand on fixe, en moyenne, la longueur du pied grec Parthénonien à 0^m,306.32 (1), et que, par suite, il

(1) On remarquera que la longueur de 0^m,306.32, ainsi assignée au pied grec Parthénonien, n'est pas dans le rapport *exact* de 25 à 24 avec la longueur de 0^m,294.3 précédemment assignée au pied romain, et que,

y a lieu de considérer comme fautive la longueur de 0ᵐ,308.5 ou environ, généralement admise jusqu'à ce jour.

Je n'oublie pas cependant que je me suis engagé tout à l'heure à confirmer cette conclusion par de nouvelles preuves, et je ne veux pas négliger de les donner ici, pour compléter la justification du choix que je propose de faire entre deux hypothèses qui s'excluent réciproquement et entre lesquelles il faut nécessairement opter.

Celle qui a été émise par Stuart attribue le rôle principal au rectangle formé, au niveau du pavé du temple, par les arêtes saillantes de la marche supérieure du soubassement, et considère les deux côtés de ce rectangle, représentés sur la figure précédente par $2\,a + 2\,R + 2\,e + 5\,E$ et par $2\,a + 2\,R + 2\,e + 14\,E$, comme respectivement égaux à 100 et à 225 pieds grecs ; l'autre hypothèse, au contraire, accorde, de préférence, le même rôle au rectangle circonscrit aux bases des colonnes, et, après avoir réduit ainsi les côtés de ce rectangle à $2\,R + 2\,e + 5\,E$ et à $2\,R + 2\,e + 14\,E$, les considère comme égaux à 100 et à 226 pieds grecs.

On vient de voir qu'en admettant la première de ces hypothèses, la lon-gueur du pied grec doit être fixée à 0ᵐ,308.5 ou environ, et qu'il est alors nécessaire d'assigner :

1° A l'entre-axe des colonnes, 13 pieds 3 palmes 2 dactyles $+ \, ^1/_8 + \, ^1/_{48}$;

Et 2° à celui des triglyphes, 6 pieds 3 palmes 2 dactyles

pour conserver l'exactitude de ce rapport, il serait nécessaire d'élever le pied romain jusqu'à 0ᵐ,294.56.

Il résulte de là de deux choses l'une : ou bien le pied dont les constructeurs du Parthénon se sont servis n'était pas lui-même rigoureusement conforme à l'étalon officiel, ou, ce qui est encore plus probable, le fameux rapport de 25 à 24 admis par tout le monde, aujourd'hui comme dans l'antiquité, n'a jamais été établi, ni pu être établi avec une rigueur mathématique.

+ $^1/_8$; tandis que, au contraire, dans la seconde, la longueur du pied grec doit être réduite à 0^m,306.32, et
permet de régler l'entre-axe des colonnes et celui des
triglyphes, *en nombres ronds de pieds grecs*, à 14 et à
7 pieds.

J'ai déjà considéré ce fait comme assez important
pour autoriser une conclusion définitive; mais, si on veut
la confirmer par d'autres preuves, on peut y parvenir
sans beaucoup de peine et d'une manière bien complète
en constatant :

D'une part, que le fait d'assigner, avec Stuart, 0^m,308.5
à la longueur du pied grec conduit à exprimer *toutes les
dimensions* du Parthénon, quand on les traduit en mesures grecques, par des nombres fractionnaires aussi
compliqués, et par conséquent aussi inadmissibles que
ceux qui correspondent, comme je viens de le rappeler,
aux entre-axes des triglyphes et à ceux des colonnes ;

Et de l'autre, qu'on trouve, quand on exprime en
pieds, palmes et dactyles grecs, les dimensions des diverses parties du même temple, en assignant au pied grec
0^m,306.32 seulement, qu'on trouve, dis-je, dans ce cas,
toutes ces dimensions *très-exactement exprimées* par
des nombres ronds, parmi lesquels je signale les suivants :

Hauteur des colonnes prise en y comprenant
les chapiteaux...................... 34 pieds
Hauteur des entablements mesurés jusqu'au
sommet des cymaises, dont il reste des
traces sur la pierre angulaire du fronton. 11 pieds
Hauteur totale des façades latérales entre le
pavé du temple et le sommet de la cor-
niche............................. 45 pieds
Largeur des triglyphes, 2 pieds 3 palmes, ou 11 palmes
Largeur des métopes, 4 pieds 1 palme, ou. 17 palmes
Entre-axe des triglyphes............... 28 palmes
ou, en d'autres termes, comme on le sait

déjà. . . . . 7 pieds
Entre-axe des colonnes. . . . . 14 pieds
etc., etc.

Et autant il est facile de voir 1° que ces trois derniers nombres, 7, 14 et 28 se déduisent naturellement l'un de l'autre, 2° que 11 palmes sont le quart de 11 pieds, et 3° enfin que 17 palmes correspondent à la huitième partie de 34 pieds, autant il semble difficile de découvrir comment des nombres tels que 11, 17, 34 et 45 ont pu être déduits d'un module réglé *a priori* à 7 pieds, et surtout quels peuvent être les rapports *simples* qui doivent nécessairement exister soit entre ces nombres, soit entre eux et les nombres primitifs 7, 14 et 28.

La recherche de ces rapports a toujours fait et, on peut le dire, fait encore le désespoir des architectes qui s'appliquent à cette étude. L'extrait suivant d'un article très remarqué, qu'un membre de l'Ecole française d'Athènes, M. Emile Burnouf, a publié au mois de décembre 1847, dans la *Revue des Deux-Mondes*, le démontre d'ailleurs d'une manière bien évidente :

« Le temple de Minerve, dit M. Emile Burnouf, dont
» les proportions, *contrairement à l'usage des archi-*
» *tectes*, N'ONT ENTRE ELLES AUCUN RAPPORT *(sic)*, est et
» demeurera, de l'aveu de tous, le plus bel ouvrage d'ar-
» chitecture qui fût jamais. Les mesures du Parthénon
» viennent d'être prises, avec une scrupuleuse exactitude,
» par M. Paccard ; on n'a laissé échapper aucun détail.
» Chacun peut, sans quitter la France, se convaincre
» par lui-même QU'IL N'Y A PAS DE RAPPORT SIMPLE *(sic)*
» entre le diamètre et la hauteur des colonnes, non plus
» qu'entre ces deux mesures et la hauteur des entable-
» ments et des frontons.

» Quel principe a donc guidé Phidias dans la construc-
» tion de cet édifice ? De quelle unité de mesure s'est-il
» servi ? AVAIT-IL UNE UNITÉ DE MESURE *(sic)* ? Tel est le
» problème que la science des architectes aurait à résou-

» dre. Ce problème n'est d'ailleurs pas moins intéressant
» *pour l'art* que *pour la science.*

» Comment se fait-il, en effet, qu'avec des proportions
» SI SINGULIÈRES *(sic)* et qui soulevaient tant de diffi-
» cultés, l'architecte grec soit parvenu à un si merveilleux
» résultat ? Ou bien il avait une *donnée première* QUI NOUS
» ÉCHAPPE, ou bien il lui a fallu un surprenant génie
» pour combiner à l'avance des mesures *si étrangères*
» *les unes aux autres* et concevoir la beauté d'un tel
» ensemble ».

Je me permets d'espérer que personne ne voudra
m'imposer l'obligation de prouver, *dans l'intérêt de la
science,* à M. Emile Burnouf, que les ouvriers de Callicrates et d'Ictinus, aussi bien que ces architectes eux-
mêmes, avaient incontestablement à leur disposition *des
unités de mesure,* lorsqu'ils ont construit le Parthénon ;
mais on me permettra de lui montrer ici, *dans l'intérêt
de l'art,* qu'il y a *des rapports simples,* sur la façade de
ce temple célèbre, non-seulement entre les diamètres et la
hauteur des colonnes, mais encore entre leurs mesures
et celles de l'entablement, et que, par conséquent, les
proportions qui résultent de ces rapports ne sont ni *aussi
singulières,* ni surtout *aussi étrangères les unes aux
autres* qu'il s'est plu à l'imaginer.

Je constaterai d'abord, pour atteindre ce résultat d'une
manière plus sûre, que, si les architectes du Parthénon,
en présence de la règle habituellement suivie, qui leur
prescrivait de donner aux colonnes *les trois quarts* et
aux entablements *le quart* des 45 pieds assignés par eux
à la hauteur totale, si, dis-je, en présence de la règle
ainsi établie, ces architectes se sont décidés à donner, en
nombres ronds de pieds, d'une part, 34 pieds à la hauteur des colonnes, au lieu de réduire cette hauteur
à 33 pieds 3 palmes seulement, pour la faire correspondre exactement aux ³/₄ de 45 pieds, et d'autre part,
11 pieds aux entablements, au lieu de leur donner

6

rigoureusement 11 pieds 1 palme, quart de 45 pieds, il
est parfaitement permis de croire que ces légères modifications, tout à fait insensibles à la vue, même pour l'œil
le plus exercé, proviennent uniquement de ce que le
nombre 45 ne s'est pas trouvé exactement divisible par 4,
et, par suite, que ces légères modifications ne suffisent
pas pour donner à M. Emile Burnouf le droit de dire
que, dans le cas actuel, la règle ordinaire a été finalement violée.

Sera-t-il nécessaire, je le demande, de rappeler à l'appui de cette conclusion, le précepte que Vitruve a consigné
de la manière suivante dans le second chapitre de son
VIᵉ livre ?

« *Cum ergo constituta symmetriarum ratio fuerit*
» *et commensus ratiocinationibus explicati, tunc etiam*
» *acuminis est proprium providere ad naturam loci,*
» *aut usum, aut speciem, et* DETRACTIONIBUS *vel* ADJEC-
» TIONIBUS *temperaturas efficere, uti, cum de symmetria*
» *sit detractum aut adjectum, id videatur recte for-*
» *matum, in aspectuque nihil desideretur* ».

« Lors donc que le module *(symmetriarum ratio)*
» aura été choisi, et que les dimensions auront été expri-
» mées arithmétiquement par des chiffres *(ratiocinatio-*
» *nibus)*, il appartiendra à l'intelligence de l'architecte
» de les modifier *(temperaturas efficere)* soit en plus, soit
» en moins *(adjectionibus aut detractionibus)*, suivant
» ce que comporteront les circonstances locales *(naturam*
» *loci)*, les exigences de la pratique *(usum)* ou la beauté
» de l'œuvre *(speciem)* ; de telle sorte qu'une fois ces mo-
» difications effectuées, les proportions *paraissent* encore
» justement établies et que l'aspect ne laisse rien à
» désirer ».

Il me semble également incontestable que la règle
formulée par Vitruve, dans le texte qu'on vient de lire,
est encore celle qui a dirigé la conduite des architectes du
Parthénon, quand, pour déterminer les largeurs des tri-

glyphes et des métopes, ils ont divisé la longueur de 7 pieds, choisie par eux *a priori* pour correspondre à l'entre-axe des triglyphes, en deux parties inégales, l'une de 11 palmes et l'autre de 17 palmes, au lieu d'assigner rigoureusement à ces longueurs 11 palmes plus $^4/_5$ de dactyle et 16 palmes 3 dactyles plus $^1/_5$, afin de conserver entre elles, conformément à la règle ordinaire, le rapport exact de 2 à 3; ce qui n'a pas empêché la largeur des métopes ainsi fixée à 17 palmes d'être mathématiquement égale à la 8e partie de la hauteur des colonnes portée, comme on vient de le voir, à 34 pieds, et la largeur des triglyphes, égale à 11 palmes, d'être, de son côté, pareillement égale au quart de l'entablement fixé lui-même à 11 pieds.

M. Emile Burnouf a parlé aussi, dans l'article que j'ai cité tout à l'heure, des diamètres des colonnes, dont il a trouvé les dimensions aussi *singulières* et aussi *étrangères les unes aux autres* que celles de toutes les autres parties du monument. Or, voici quelles sont, en fait, ces dimensions, quand on prend la peine de les exprimer en fonction du pied grec de $0^m,306.32$ et de ses divisions connues :

Les expressions que l'on obtient ainsi sont *très-exactement* égales, dans le bas des colonnes, à 99 dactyles, et, dans le haut, à 77 dactyles; par conséquent, le diamètre *moyen* se trouve alors réglé à 88 dactyles, c'est-à-dire, en d'autres termes, à 5 pieds et demi, ce qui donne 2 pieds 3 palmes ou 11 palmes pour le rayon *moyen*, dont la longueur se trouve de cette façon égale, suivant la règle ordinaire des temples pycnostyles, à la largeur même des triglyphes.

Quant aux entre-colonnements *moyens*, égaux à 14 pieds moins 5 pieds et demi, c'est-à-dire à 8 pieds et demi, on voit qu'ils correspondent exactement à 34 palmes, c'est-à-dire au quart de la hauteur des colonnes fixée à 34 pieds et au double de la largeur des métopes fixée à 17 palmes. Les diamètres moyens et les entre-colonnements moyens sont donc très-exactement entre eux dans le même rapport que les triglyphes et les métopes, et, par conséquent, aussi exactement que possible, dans le rapport de 2 à 3, qui est précisément celui qui correspond à l'écartement des colonnes dans les temples pycnostyles (1).

En dernier lieu, il ne sera pas inutile de faire remarquer que l'inclinaison des génératrices de la surface des colonnes, égale à la différence qui existe entre le diamètre moyen et l'un quelconque des autres diamètres, c'est-à-dire, dans le cas actuel, à 88 dactyles moins 77 dactyles, ou, ce qui est la même chose, à 99 dactyles moins 88 dactyles, se trouve ainsi fixée à 11 dactyles, et, par conséquent, correspond très-exactement au quart du rayon moyen (2).

On peut donc conclure de cette longue discussion qu'en assimilant la hauteur totale du Parthénon à une grande unité métrique ou *pied* divisée en 16 parties égales, comme le pied grec lui-même est divisé en 16 dactyles, la hauteur de l'entablement, réglée au quart de cette hauteur totale, est, pour ainsi dire, le *palme* de cette grande unité, et que la hauteur des colonnes réglée, de son côté, aux trois quarts de la hauteur totale, peut être considérée, à son tour, comme la *spithame* de la même unité; tandis que le rayon moyen et la largeur des triglyphes, égaux au quart de l'entablement, c'est-à-

---

(1) Voyez, à l'appui de ces explications, le Mémoire que j'ai publié, en 1862, sous le titre de *Nouvelle Théorie du Module déduite du texte même de Vitruve*. Nimes, Clavel-Ballivet.

(2) Le galbe des colonnes du Parthénon a été obtenu ensuite en augmentant d'un dactyle ce rayon moyen, qui a été porté ainsi à 45 dactyles, sans modifier, pour cela, ni la section de la base des colonnes, ni celle de leur sommet; et l'on remarquera qu'en élevant cette expression du rayon moyen à 45 dactyles, on l'a rendue rigoureusement égale au 16e de la hauteur des façades, égale elle-même à 45 pieds.

dire à la 16° partie du total, en sont, à proprement parler, le *dactyle*.

Sont-ce là, je le demande, des dimensions qui n'ont entre elles *aucun rapport* ou qui sont *étrangères les unes aux autres?*

En résumé, si l'on admet qu'avant de construire le Parthénon les architectes de ce temple ont voulu en faire exécuter un modèle sur lequel la hauteur totale des façades latérales a été réduite à 16 pieds, voici, dans cette hypothèse, quelles ont été les principales dimensions de ce modèle :

Hauteur de l'entablement égale au quart de la hauteur totale........................... 4 pieds

Hauteur des colonnes égale aux trois quarts de la même hauteur....................... 12 pieds

· Hauteur totale du modèle.......... 16 pieds ·

Largeur des triglyphes égale au quart de la hauteur de l'entablement..................... 1 pied

Largeur des métopes, une fois et demie celle des triglyphes...................... 1 pied $^1/_2$

Entre-axe des triglyphes.............. 2 pieds $^1/_2$

Diamètre *moyen* des colonnes, double de la largeur des triglyphes..................... 2 pieds

Entre-colonnement *moyen*, double de la largeur des métopes et, par conséquent, égal à une fois et demie le diamètre moyen...... 3 pieds

Entre-axe des colonnes.................. 5 pieds

Inclinaison de la génératrice des colonnes égale au quart du rayon *moyen*, égal lui-même à 1 pied, ci......................... 1 palme

Diamètre supérieur des colonnes, égal au diamètre moyen diminué de cette inclinaison, c'est-à-dire égal à 2 pieds moins 1 palme, soit 1 pied 3 palmes ou.................. 7 palmes

Diamètre inférieur égal au diamètre moyen

augmenté de 1 palme, soit 2 pieds 1 palme ou 9 palmes;

Et si l'on veut bien consentir maintenant à poursuivre cette hypothèse jusque dans ses dernières conséquences, et calculer, en partant des dimensions théoriques qui viennent d'être déterminées, celles qu'il aurait fallu attribuer rigoureusement au Parthénon pour avoir le droit de régler exactement à 7 pieds la longueur de l'entre-axe des triglyphes, il est facile de comprendre que les calculs à effectuer dans ce cas se réduisent à multiplier par $2 + \frac{4}{5}$ toutes les dimensions qui précèdent, puisque, en effet, l'entre-axe des triglyphes, égal à 2 pieds $\frac{1}{2}$, devient égal à 7 pieds, quand on le multiplie par $2 + \frac{4}{5}$.

Voici donc quels sont les résultats que l'on obtient dans cette nouvelle hypothèse, en désignant les pieds grecs par π, les palmes par ϖ et les dactyles par δ :

Hauteur de l'entablement $(2 + \frac{4}{5})$ $\times$ 4 pieds, soit.......................... $11\pi,0\varpi,3\delta\frac{4}{5}$

Hauteur des colonnes $(2 + \frac{4}{5}) \times 12$ pieds, soit.......................... $33\pi,2\varpi,1\delta^3\frac{1}{5}$

Hauteur totale de la façade $(2 + \frac{4}{5})$ $\times$ 16 pieds, soit........................ $44\pi,3\varpi,0\delta\frac{4}{5}$

Largeur des triglyphes $(2 + \frac{4}{5}) \times 1$ pied, soit.......................... $2\pi,3\varpi,0\delta\frac{4}{5}$

Largeur des métopes $(2 + \frac{4}{5}) \times 1$ pied $\frac{1}{2}$, soit.......................... $4\pi,0\varpi,3\delta\frac{4}{5}$

Entre-axe des triglyphes $(2 + \frac{4}{5}) \times$ 2 pieds $\frac{1}{2}$, soit....................... $7\pi. \;\; » \;\; » \;\; »$

Diamètre moyen des colonnes $(2 + \frac{4}{5})$ $\times$ 2 pieds, soit......................... $5\pi,2\varpi,1\delta^3\frac{1}{5}$

Entre-colonnement moyen $(2 + \frac{4}{5}) \times$ 3 pieds, soit.......................... $8\pi,1\varpi,2\delta^2\frac{2}{5}$

Entre-axe des colonnes $(2 + \frac{4}{5}) \times 5$ pieds, soit.......................... $14\pi, \;\; » \;\; » \;\; »$

Inclinaison de la génératrice des colonnes $(2 + \frac{4}{5}) \times 1$ palme, soit............ $2\varpi,3\delta\frac{4}{5}$

Diamètre supérieur $(2 + {}^4/_5) \times (1$ pied 3 palmes), soit............ $4\pi,3\varpi,2\delta^2/_5$

Diamètre inférieur $(2 + {}^4/_5) \times (2$ pieds 1 palme), soit............ $6\pi,1\varpi,0\delta^4/_5$

Et la simple comparaison, que le tableau suivant permet d'établir entre ces résultats *théoriques* et les dimensions *réelles* des façades du Parthénon, suffit, si je ne me trompe, pour constater, encore mieux que tous les raisonnements qui précèdent, l'exacte vérité de mes diverses hypothèses :

INDICATIONS.	Dimensions des façades du Parthénon	
	calculées rigoureusement suivant la règle étroite.	Telles qu'elles ont été établies pratiquement et en *nombres ronds*, conformément à la règle de Vitruve.
Hauteur de l'entablement.	$11\pi.0\varpi.3\delta^1/_5$	11π
Hauteur des colonnes....	$33\pi.2\varpi.1\delta^3/_5$	34π
Hauteur totale des façades	$44\pi.3\varpi.0\delta^4/_5$	45π
Largeur des triglyphes..	$2\pi.3\varpi.0\delta^4/_6$	$2\pi.3\varpi = 11$ palmes
Largeur des métopes....	$4\pi.0\varpi.5\delta^4/_5$	$4\pi.1\varpi = 17$ palmes
Entre-axe des triglyphes.	$7\pi.$ » » »	7π »
Diamètre moyen........	$5\pi.2\varpi.1\delta^3/_5$	$5\pi.2\varpi$
Entre-colonnement moyen	$8\pi.1\varpi.2\delta^2/_5$	$8\pi.2\varpi$
Entre-axe des colonnes...	$14\pi.$ » » »	14π »
Inclinaison des génératrices	$2\varpi.3\delta^1/_5$	$2\varpi.3\delta = 11\,\delta$
Diamètre supérieur......	$4\pi.3\varpi.2\delta^2/_5$	$4\pi.3\varpi.1\delta = 77\,\delta$
Diamètre inférieur......	$6\pi.1\varpi.0\delta^4/_5$	$6\pi.0\varpi.3\delta = 99\,\delta$

N'est-il pas hors de doute, en effet, que, même avec la ferme résolution d'observer religieusement la règle des proportions définies ou rapports simples, Callicrates et Ictinus, après avoir adopté le nombre 7, consacré à Minerve, pour servir de module aux dimensions du temple de cette déesse, n'ont jamais pu songer un seul instant à donner exactement à la hauteur totale de ce temple l'expression fractionnaire de $44\pi,3\varpi,0\delta^4/_5$, comme la règle rigoureuse le leur prescrivait, et qu'ils ont été forcément amenés, *par les exigences de la pratique*, à assigner à cette hauteur totale un nombre rond de pieds, c'est-à-dire 45 pieds.

Il en a été de même, à l'autre extrémité de l'échelle, quand il a été question de régler l'inclinaison des génératrices des colonnes, qu'ils n'ont pas fixée à $2_\omega.3_\delta$ et $^1/_5$, mais qu'ils ont dû réduire forcément à $2_\omega.3_\delta$, c'est-à-dire à 11 dactyles, ce qui les a conduits naturellement à assigner, toujours en nombres ronds :

D'abord 11 palmes à la largeur des triglyphes et au rayon moyen des colonnes, 22 palmes ou 88 dactyles au diamètre moyen, et 11 pieds à l'entablement ;

Ensuite 17 palmes à la largeur des métopes, 34 palmes ou 8 pieds et demi aux entre-colonnements moyens, et 34 pieds à la hauteur totale des colonnes ;

Et en dernier lieu enfin, 88 dactyles $\pm$ 11 dactyles, c'est-à-dire 99 dactyles $= 6_\pi.0_\omega.3_\delta$ au lieu de $6_\pi.1_\omega.0_\delta\ ^1/_5$, et à 77 dactyles $= 4_\pi.3_\omega.1_\delta$, au lieu de $4_\pi.3_\omega.2_\delta\ ^2/_5$, pour les diamètres inférieur et supérieur des colonnes, sans qu'il leur fût possible d'agir autrement.

Des résultats identiques seraient encore obtenus, je ne crains pas de le certifier, si l'on voulait s'appliquer à traduire en mesures grecques toutes les autres dimensions, tant intérieures qu'extérieures, du Parthénon. Mais ce long travail n'ajouterait rien à ma démonstration actuelle.

Je veux cependant donner encore ici une dernière preuve du soin méticuleux avec lequel les architectes de ce monument se sont appliqués à observer, partout et autant qu'ils l'ont pu, la loi des proportions définies ; et, dans ce but, j'indiquerai comment ils ont réglé la saillie de la troisième marche du soubassement sur les diamètres inférieurs des colonnes, saillie qui est égale, comme on l'a vu, à $0^m,105$ quand on l'évalue en mesures françaises, et qui, par conséquent, ne peut être exprimée, en mesures grecques, quand le pied est égal à $0^m,306.32$, que par 5 dactyles $^1/_2 = 0^m,105.2975$, ou qui, en d'autres termes, correspond à *la moitié* de l'inclinaison des génératrices, égale elle-même à 11 dactyles.

Or, on sait que cette inclinaison est égale au quart du rayon moyen, ou, ce qui la même chose, au huitième du diamètre moyen des colonnes ; par conséquent, on est en droit de dire que c'est ce diamètre moyen, égal à 5 pieds $^1/_2$, qui a été divisé en *16 parties égales*, pour donner la saillie de la 3ᵉ marche du soubassement, puisque cette saillie est effectivement égale à 5 dactyles $^1/_2$. De sorte qu'en définitive le diamètre moyen a été divisé en 16 parties égales pour donner cette saillie, identiquement comme la hauteur totale des façades a été divisée, elle aussi, en 16 parties égales, pour donner le triglyphe, et comme le pied est divisé en 16 parties égales, pour donner le dactyle.

En dernier lieu, puisque le diamètre inférieur est égal à 99 dactyles, quand le diamètre moyen est égal à 88 dactyles, il en résulte que le rayon de la base des colonnes dépasse le rayon moyen de 5 dactyles $^1/_2$, identiquement comme l'arête de la 3ᵉ marche du soubassement dépasse elle-même la circonférence de la base des colonnes.

Par ces divers motifs, il semble permis de l'affirmer, l'hypothèse à l'aide de laquelle les véritables expressions antiques de toutes les parties du Parthénon peuvent être reproduites d'une manière si remarquable et qui permet, en même temps, de faire comprendre et de justifier, avec tant de facilité, l'absence prétendue de rapports simples que les architectes modernes se sont crus autorisés à signaler, sur les façades de ce temple, ne peut pas être une hypothèse inexacte; et il y a lieu, au contraire, de la préférer, sans hésitation, à toutes les autres, notamment à celle de Stuart, si insuffisante, comme on l'a vu, quand il s'agit d'expliquer les anomalies *apparentes* , qui ont été jusqu'ici une si grande cause d'erreur et d'embarras pour les architectes.

Je me considère donc maintenant comme parfaitement autorisé à remplacer, avec la plus entière confiance, l'expression de 0m,3085 faussement attribuée par Stuart à la longueur du pied grec, par l'expression beaucoup plus exacte de 0m,306.32, que les considérations exposées dans ce mémoire m'ont conduit à adopter de préférence; et, par conséquent, à régler à 0m,459.48 la longueur de la coudée grecque, quoique M. Vasquez Queypo l'élève, dans son traité, jusqu'à 0m,462.75.

Je me trouve ainsi conduit à assigner successivement:

A la spithame...................... 0m,229.74

A la spithame cube, (0m229.74)³, ou, en d'autres termes........................ 12 litres,125

A l'Ἀμφορεύς, égal à 2 spithames cubes... 24 » ,250

Au Μετρητής, égal à 3 spithames cubes... 36 » ,375

Et au Μέδιμνος, égal à 4 spithames cubes, c'est-à-dire à la moitié d'une coudée cube... 48 » ,500

De sorte que le tableau complet des mesures grecques de capacité, telles qu'elles existaient au temps de Périclès doit être réglé finalement de la manière suivante :

Noms des mesures grecques de capacité.	CONTENANCES EXPRIMÉES	
	en dactyles cubes.	en litres.
Μέδιμνος................	6.912	48,500
Μετρητής..............	5.184	36,375
Ἀμφορεύς et Ἡμιμέδιμνον....	3.456	24,250
Τριτεύς................	2.304	16,166.66
Ἑκτεύς................	1.152	8,083.33
Ἀάδιξ................	864	6,062.50
Ἡμίεκτον ou Ἀδδιξ........	576	4,041.66
Χοῦς................	432	3,031.25
Ἡμιδωδέκατον...........	288	2,020.83
Μάρις................	216	1,515.62
Χοῖνιξ................	144	1,010.42
Ξέστης................	72	0,505.21
Κοτύλη................	36	0,252.60
Τέταρτον..............	18	0,126.30
Ὀξύβαφον..............	9	0,063.15
Κύαθος................	6	0,042.10
Dactyle cube	1	0,007.17

Et quoique la parfaite exactitude de tous les chiffres contenus dans ce tableau puisse être considérée maintenant comme démontrée de la manière la plus incontestable., je veux cependant, pour prévenir toutes les objections , la confirmer encore, en prouvant que les contenances que ces chiffres expriment s'accordent, aussi bien qu'on peut le désirer, avec celles qui nous ont été conservées par le Σήκωμα de Naxos, publié en 1873 dans la *Revue archéologique* (1) par M. Albert Dumon.

Six mesures grecques de capacité se trouvent réunies sur ce monument, dont l'authenticité n'est pas contestable. Les cinq plus petites y sont groupées, et la plus grande y est un peu séparée des autres. Les noms de ces mesures, qui n'ont pas été écrits sur le monument et que la notice de M. Albert Dumon n'indique pas, ont été remplacés, sur cette notice, par les lettres *a*, *b*, *c*, *d*, *e* et *f*. Quant aux contenances, elles ont été évaluées de la manière suivante par le savant archéologue :

Mesure (*f*)	40	centimètres cubes.
Mesure (*e*)	60	id.
Mesure (*d*)	80	id.
Mesure (*c*)	120	id.
Mesure (*b*)	240	id.
et Mesure (*a*)	1.540	id.

avec un point d'interrogation pour cette dernière contenance.

« La cavité (*a*), a-t-il ajouté, paraît avoir été *agran-* » *die de quelques centilitres*, par des entailles qui ont » endommagé le marbre ».

Il faut donc nécessairement, si l'on veut rester dans la vérité , considérer cette contenance de 1^{litre},540 comme *un peu trop forte*, et il y a lieu , par suite , de la *diminuer* d'environ *2 ou 3 centilitres*, puisqu'elle a été *agrandie de quelques centilitres*. La contenance

(1) Nouvelle série. — xive année, xxvie volume, page 43.

normale de cette mesure (a) devra donc être finalement réduite à $1^{\text{litre}},510$, si l'on veut qu'elle soit beaucoup plus exacte.

Quant aux cinq petites mesures, comme leurs contenances ne sont données que de 10 en 10 centimètres cubes, il est clair qu'elles ne peuvent être qu'approximatives, et M. Albert Dumont confirme lui-même cette appréciation en disant dans sa notice :

« *Je néglige*, pour les mesures *c, d* et *e*, de très-
» minimes fractions..... Les rebords saillants des me-
» sures ont toujours été atteints par le temps. Le moin-
» dre changement apporté à l'état primitif du monument
» peut produire, en plus ou en moins, une variation de
» 2 ou 3 centimètres cubes ».

Ainsi, les contenances assignées aux mesures *c, d* et *e* sont un peu trop faibles et doivent être augmentées chacune d'une petite quantité. Toutefois, comme ces contenances, proportionnelles aux nombres 2, 3, 4, 6 et 12, permettent d'écrire $b = 2\,c = 3\,d = 4\,e = 6\,f$, il est facile de comprendre qu'elles ne peuvent être augmentées qu'à la condition de conserver toujours entre elles ces mêmes rapports, qui sont évidemment ceux auxquels les anciennes mesures correspondaient en réalité. Si donc la mesure *f* doit être augmentée, par exemple, de 2 millilitres, la mesure *e* devra être augmentée de 3, la mesure *d* de 4, la mesure *c* de 6, et la mesure *b* de 12, ce qui donnera :

Pour la mesure (*f*) ... 42 centim^{es} cubes au lieu de 40
Pour la mesure (*e*) .. 63   id.   au lieu de 60
Pour la mesure (*d*) .. 84   id.   au lieu de 80
Pour la mesure (*c*) ... 126   id.   au lieu de 120
et pour la mesure (*b*) .. 252   id.   au lieu de 240

Quant à la mesure (*a*), comme sa contenance ne doit pas s'éloigner, ainsi que je l'ai établi tout à l'heure, de $1^{\text{litre}},510$, et comme, d'ailleurs, il est évident qu'elle doit contenir 6 fois la mesure (*b*), on voit aussitôt qu'elle devra être réglée, dans l'hypothèse où je viens de me placer, à 6 fois 252 centimètres cubes, c'est-à-dire à 1^{litre},512.

Il est parfaitement certain que les contenances ainsi rétablies présentent entre elles identiquement les mêmes rapports que les mesures antiques, et malgré cela, il est nécessaire de reconnaître que rien, en ce moment, n'autorise à affirmer qu'elles sont mathématiquement égales à celles qu'on assignait autrefois, d'une manière normale, à ces mesures antiques. On sait seulement qu'elles n'en diffèrent pas d'une manière trop sensible, sans que rien permette de dire si les différences qu'elles présentent effectivement sont en plus ou en moins.

Mais si l'on compare les contenances approximatives que je viens de calculer à celles que le tableau précédent attribue normalement aux mesures grecques de capacité, savoir :

La contenance du Κύαθος, théoriquement égale à . . . . 42$^{c. cubes}$,10
à celle de la mesure f, approximativement égale à . . . . 42 c. cubes

Celle de l'Οξύβαφον, théoriquement égale à 63$^{c. cubes}$,15
à celle de la mesure (e), approximativement égale à . . . . 63 c. cubes

Celle du Τέταρτον, théoriquement égale à.. 126$^{c. cubes}$,30
à celle de la mesure (c), approximativement égale à . . . . 126 c. cubes

Celle de la Κοτύλη, théoriquement égale à 252$^{c. cubes}$,60
à celle de la mesure (b), approximativement égale à . . . . 252 c. cubes

Et enfin celle du Μάρις, théoriquement égale à . . . . 1^{litre},515.62
à celle de la mesure (a), approximativement égale à . . . . 1^{litre},512,

Il devient aussitôt bien évident, ce me semble :

1° Qu'il y a, *en fait*, identité complète entre ces deux séries de mesures;

2° Que, par conséquent, la mesure (*f*) est un Κύαθος ;

La mesure (*e*) un Ὀξύβαφον ;

La mesure (*d*) un double Κύαθος ;

La mesure (*c*) un Τέταρτον ;

Et la mesure (*b*) une Κοτύλη.

3° Que ces cinq mesures ont été groupées sur le Σήκωμα pour montrer qu'elles faisaient partie d'une seule et même série, qui est précisément celle que les Grecs appliquaient aussi bien aux liquides qu'aux matières sèches ;

4° Que la mesure (*a*), séparée des autres sur le même Σήκωμα est un Μάρις ; ou, en d'autres termes, un demi-Χοῦς, ayant la même contenance qu'un *cube* de six dactyles de côté ;

Et 5° enfin que toutes les mesures de ce Σήκωμα, malgré leur état actuel de dégradation, ont été établies, en fait, dans l'origine, de manière à reproduire, comme je l'ai déjà dit, aussi exactement que possible, les contenances théoriques des mesures grecques de capacité, telles qu'elles sont indiquées sur le tableau qui précède.

Une dernière difficulté se présente maintenant, et ne doit pas être passée sous silence. Elle consiste à savoir si les Grecs ont eu connaissance de la modification introduite par les Romains dans leur système métrique, et s'ils ont rectifié, eux aussi, leurs mesures linéaires, et, par conséquent, leurs mesures cubiques, lorsqu'ils ont été en état de déterminer, avec exactitude, la longueur du degré terrestre. Mais on ne possède malheureusement à cet égard aucune donnée quelconque, ni directe ni indirecte, et il faut s'en tenir à de simples conjectures.

Cependant, si l'on n'a pas oublié qu'il y a lieu de considérer les légères modifications introduites dans le système métrique romain comme le résultat d'une réforme opérée d'une manière presque clandestine, et sans recourir à la publicité d'une mesure légale ; si, d'autre part, on veut bien tenir un compte suffisant de la différence radicale qui existait autrefois entre le système administratif des Romains, caractérisé par une centralisation puissante, et celui des Grecs, chez lesquels l'autorité se trouvait, au contraire, partagée entre plusieurs cités qui avaient chacune leur autonomie complète, il semblera permis de croire que des modifications du système métrique étaient beaucoup plus difficiles à obtenir en Grèce qu'en Italie, et que, par conséquent, il est extrêmement probable que la modification des anciennes mesures de capacité n'a jamais été effectuée en Grèce.

Je conserverai donc, dans leur intégrité, les précédents tableaux des mesures de capacité grecques et romaines, et je les reproduis ici en regard l'un de l'autre, pour rendre plus faciles les comparaisons qu'on pourra avoir à en faire avec les mesures égyptiennes correspondantes.

Suit le tableau comparatif des contenances des mesures de capacité grecques et romaines :

Tableau comparatif des contenances des mesures de capacité Romaines et Grecques.

Mesures Romaines.

NOMS DES MESURES DE CAPACITÉ	en onces linéaires cubes.	en litres. avant J.-C.	en litres. après J.-C.
Cadus................	2,592	38,235	39,019.5
Amphora et quadrantal..	1,728	25,490	26,013
Urna................	864	12,745	13,006.5
Modius..............	576	8,497	8,671
Semodius...........	288	4,248	4,335.5
Congius............	216	3,186	3,251.6
Sextarius...........	36	0,531	0,541.9
Hemina............	18	0,265.50	0,270.9
Quartarius.........	9	0,132.75	0,135.45
Acetabulum........	4 ½	0,066.375	0,067.725
Cyathus...........	3	0,044.25	0,045.15
Once cube.........	1	0,014.75	0,015.05

Mesures Grecques.

NOMS DES MESURES DE CAPACITÉ	CONTENANCES EXPRIMÉES. en dactyles cubes	CONTENANCES EXPRIMÉES. en litres.
Μέδιμνος................	6,912	48,500
Μετρητής...............	5,184	36,375
Ἀμφορεύς, ou Ἡμιμέδιμνον ...	3,456	24,250
Τριεύς................	2,304	16,166.66
Ἑκτεύς...............	1,152	8,083.33
Ἀδόλ................	864	6,062.50
Ἡμίεκτον ou Ἀδόλ.......	576	4,041.66
Χοῦς................	432	3,031.25
Ἡμιχόεικον...........	288	2,020.83
Μέρις..............	216	1,515.62
Κοτύλ..............	144	1,010.42
Ξέστης.............	72	0,505.21
Κοτύλη.............	36	0,252.60
Τέταρτον...........	18	0,126.30
Οὔββαφον...........	9	0,063.15
Κύαθος.............	6	0,042.10
Dactyle cube........	1	0,007.017

Il n'est pas sans intérêt de placer maintenant, à la suite de ce tableau, la fin d'un passage de Galien dont je n'ai fait encore connaître que la première partie, que ce savant métrologue complète de la manière suivante, après avoir dit, comme on l'a vu à la page 22 du deuxième chapitre de ce Mémoire, qu'on ne trouvait pas, dans l'origine, chez les Grecs, la mesure qu'ils ont plus tard nommée Ξέστης.

Αὐτὸ δὲ τὸ μέτρον οὐκ ἴσον τῷ Ρωμαϊκῷ. Χρῶνται γὰρ ἄλλος ἄλλῳ ξεστιαίῳ μέτρῳ.

Hultsch, tom. I, pag. 211.

Cette mesure n'est pas égale à la mesure romaine, car les uns se servent d'une mesure sextaire, les autres d'une autre.

Et c'est là, en effet, ce que l'on remarque sur le tableau précédent, où le sextarius romain n'est pas égal au Ξέστης grec.

Immédiatement après, Galien ajoute ce qui suit :

Παρὰ γοῦν τοῖς Ρωμαϊκοῖς ὁ ξέστης ἔχει μίαν λίτραν καὶ ἡμίσειαν καὶ ἕκτον, ὡς εἶναι τὰς πάσας οὐγγίας κ', ἃς ὡς τὸ πολὺ τοῖς κέρασι μετροῦσιν ἐπιτετμημένοις ἔξωθεν γραμμαῖς τισι κυκλοτερέσιν.

Chez les Romains, le sextarius (plein de vin) pèse une livre et demie et un sixième, de telle sorte que ces poids réunis font 20 onces, qui sont mesurées le plus souvent dans des récipients en corne munis extérieurement de lignes circulaires.

Ce texte nous enseigne, par conséquent, que le poids du vin était habituellement évalué, à Rome, non avec des balances, mais en mesurant son volume dans des vases fabriqués exprès.

Le même auteur conclut enfin en disant :

Ἔοικεν οὖν καὶ ὁ Ἥρας, ὅταν κοτύλην γράφῃ, τὸ μὲν ἥμισυ τοῦ ξέστου σημαίνειν. ἤτοι δὲ τὰς θ' δηλοῦσιν οὐγγίας ἐκ τοῦ λιτραίου κέρατος ἢ τὰς δέκα· τοῦτο γὰρ ἄδηλον.

On voit qu'Héron, lorsqu'il écrit Κοτύλη, indique la moitié d'un sextaire ; mais on ne sait pas s'il veut parler de 9 onces mesurées avec la corne qui sert à évaluer les poids, ou bien de 10 onces.

Hultsch, tome 1er, page 211.

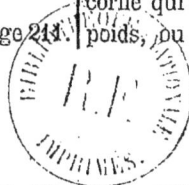

7

Ce qui veut dire, en d'autres termes : Mais on ne sait pas s'il veut parler d'un demi Ξέστης grec ou d'un demi-sextarius romain, car les mesures de capacité grecques et romaines étaient, comme on le voit sur le tableau qui précède, très-approximativement entre elles dans le rapport de 9 à 10 (voyez aussi la note X) ; ce qui permettait cependant aux anciens auteurs, toujours prêts à se contenter d'une simple approximation, d'écrire indifféremment :

Tantôt *Cyathi pondus decem drachmis appenditur*. (Hultsch, tome II, page 116, ligne 12).

Et tantôt ὁ Κύαθός ἐστι δραγμῶν δέκα (Hultsch, tome Ier, page 242, ligne 26), comme si un Cyathus et un Κύαθος pouvaient être parfaitement égaux l'un à l'autre.

En fait cependant, ils diffèrent fort peu, comme on l'a vu ; mais les différences qui existent entre les autres mesures grecques et les mesures romaines correspondantes vont ensuite en augmentant d'une manière proportionnelle à l'augmentation de la contenance de ces mesures, et, en définitive, il existe entre le Cadus et le Μετρητής une différence de plus de deux litres, dont la réalité me semble maintenant établie d'une manière incontestable.

DEUXIÈME PARTIE. — Des mesures de capacité dont
les anciens se sont servis en Egypte.

vvvvvvvvvvvvvvvvvvvvvvvvvvv

CHAPITRE PREMIER.

Des mesures de capacité en usage sous les Pharaons.

Les considérations générales exposées dans la première partie de ce Mémoire ne concernent pas seulement
les mesures de capacité Grecques et Romaines, mais
conservent, au contraire, toute leur valeur, quel que
puisse être le système métrique auquel on les applique.
J'admettrai donc, dans le cas actuel, sans qu'aucune
nouvelle discussion sur ce point soit nécessaire, que les
mesures Egyptiennes de capacité ne peuvent être exprimées, en nombres ronds, d'une manière exacte et mathématique, qu'à la condition d'être rapportées à l'une des
deux coudées égyptiennes, c'est-à-dire, en d'autres termes, aux unités métriques linéaires que les ouvriers
égyptiens employaient eux-mêmes autrefois, lorsqu'ils
voulaient construire les étalons de ces mesures, et mon
premier soin sera, en conséquence, de faire connaître,
aussi exactement que possible, les véritables longueurs
de ces deux coudées et de toutes les petites mesures qui
en dérivent.

J'ai déjà dit, au commencement de ce Mémoire, que
ces longueurs sont précisément celles que l'on connaît
aujourd'hui le mieux ; et la vérité de cette assertion résulte
de l'accord très-remarquable qui existe entre les nom-
breux étalons de coudée que l'Egypte a fournis et que
les musées d'Europe possèdent. On sait d'ailleurs que
M. Saigey, dans son *Traité de Métrologie*, M. Vazquez

Queipo, dans son *Essai sur les systèmes métriques des anciens peuples*, et M. P. Bortolotti, dans son récent Mémoire, ont soigneusement réuni, sur ce point, toutes les explications désirables et ont parfaitement démontré qu'on ne se trompe pas d'une manière sensible, quand on assigne, en nombre rond de millimètres, une longueur exacte de 0ᵐ,525 à l'ancienne coudée royale égyptienne. Je considérerai donc ce premier fait comme définitivement acquis dès à présent, sans qu'il soit nécessaire de le justifier par de nouvelles preuves, et je réglerai, en conséquence, de la manière indiquée dans le tableau suivant, non-seulement cette coudée royale et la coudée philétérienne qui en reproduit exactement la longueur, mais encore toutes les petites mesures linéaires qui dérivent de l'une et de l'autre.

Noms des plus anciennes mesures linéaires Egyptiennes, telles qu'elles étaient employées aux temps des Pharaons et des Ptolémées.	Longueurs de ces mesures exprimées en unités métriques françaises.
Ancienne coudée royale ou sacrée, divisée en 2 zéreth, en 7 palmes et en 28 dactyles.	0ᵐ,525
Coudée Philétérienne, ayant la même longueur que la coudée royale, mais divisée en 2 spithames, c'est-à-dire en 6 palmes et 24 dactyles seulement..............	0ᵐ,525
Ancienne coudée virile ou commune, en usage sous les Pharaons, concurremment avec la coudée royale, égale en longueur à cette coudée diminuée d'un palme, et que l'on divisait, comme la coudée Philétérienne, en 6 palmes et 24 dactyles.....	0ᵐ,450
Pied Philétérien, égal aux deux tiers de la coudée Phiéltérienne, et, par conséquent, divisée en 4 palmes et 16 dactyles, comme le pied grec........................	0ᵐ,350

Noms des plus anciennes mesures linéaires Egyptiennes, telles qu'elles étaient employées aux temps des Pharaons et des Ptolémées.	Longueurs de ces mesures exprimées en unités métriques Françaises.
Ancien pied Egyptien, égal aux deux tiers de la coudée commune, et divisé, comme le pied Philétérien, en 4 palmes et 16 dactyles	0^m,300
Zéreth Egyptien, moitié de la coudée royale, et divisé en 14 dactyles (c'est le pied de Pline)	0^m,262.5
Spithame Philétérienne, moitié de la coudée Philétérienne, et, par conséquent, ayant la même longueur que le zéreth Egyptien, mais divisée en 3 palmes et 12 dactyles..	0^m,262.5
Spithame Egyptienne, moitié de la coudée commune, et divisée aussi en 3 palmes et 12 dactyles.	0^m,225
Palme Philétérien divisé en 4 dactyles.	0^m,087.5
Ancien Palme Egyptien, divisé aussi en 4 dactyles	0^m,075
Dactyle Philétérien.	0^m,021.875
Dactyle Egyptien primitif.	0^m,018.75

Et la parfaite exactitude, admise maintenant par tout le monde, des dimensions que ce tableau reproduit formera la base solide sur laquelle j'appuierai mes déterminations relatives aux mesures égyptiennes de capacité.

M. Chabas, en invoquant, dans ses *Recherches*, des textes parfaitement authentiques, a fait connaître trois de ces mesures dont l'ancienne existence n'est pas contestable, et qui sont :

1° Celle qu'il nomme *Han* ou *Hin*, qui, remplie d'eau ou de vin, pesait 5 outens (1), et dont

(1) Voir la note XI.

il fixe la contenance à.................... $0^{litre},46$

2° Celle que l'on nommait autrefois *Apet*, égale à 40 Hins et pesant, par conséquent, pleine d'eau ou de vin, 200 outens, ce qui permet d'élever sa contenance jusqu'à....... $18^{litres},40$, si celle du Hin est, en effet, égale à $0^{litre},46$.

Et 3° la mesure que MM. Pleyte et Dümichen nomment *Tam* ou *Tama*, que néanmoins M. Chabas se contente de désigner, en attendant mieux, sous le simple nom de *Grande mesure*, et qui était égale à 4 Apets ; ce qui revient à dire, en d'autres termes, que son poids correspond à 800 outens, et sa contenance, dans le système de M. Chabas, à..... $73^{litres},60$

Les *poids* correspondant à ces trois mesures, exprimées en outens, et les rapports que ces poids établissent entre elles, doivent être admis sans difficulté, puisqu'ils résultent des textes égyptiens eux-mêmes ; mais les expressions en litres que M. Chabas assigne aux *contenances* de ces mesures ne sont pas aussi faciles à admettre, parce qu'elles ne correspondent pas d'une manière assez exacte à des nombres entiers de dactyles Egyptiens cubes.

C'est ainsi, par exemple, qu'il semble impossible de regarder la contenance de la *Grande mesure* comme égale à $73^{litres},60$, quand on considère que cette grande mesure devait être exprimée, au temps des Pharaons, en fonction de la coudée royale de $0^m,525$ de longueur, dont le cube contenait exactement $144^{litres},703.125$; ce qui ne donne, pour la moitié de ce cube, que $72^{litres},352$, expression beaucoup trop rapprochée de celle de $73^{litres},60$ pour n'être pas seule exacte.

Dès lors, je le demande, n'est-il pas évident que la *Grande mesure* de M. Chabas, *Tam* ou *Tama* de MM. Pleyte et Dümichen, correspondait rigoureusement à la moitié du cube d'une coudée royale égyptienne, comme le Μέδιμνος grec correspondait, de son côté, à la moitié du cube d'une coudée grecque; et, par suite, n'est-il pas nécessaire d'admettre que la contenance de ce Tama, exprimée en mesures égyptiennes, était égale à 4 zéreth cubes ou, ce qui est la même chose, à 10.976 dactyles cubes et correspondait exactement, en mesures françaises, à $72^{litres},352$, comme cela résulte d'ailleurs d'une manière bien naturelle, de cette considération que l'Apet, égal au quart de la grande mesure, est rigoureusement égal, dans l'hypothèse où je viens de le placer, au cube d'un zéreth égyptien, ainsi que M. Saigey l'a constaté à la page 20 de son traité, où il dit, en parlant des mesures égyptiennes : « Le cube de la de-mi-coudée royale était l'unité des mesures de capacité ».

Il faut donc le reconnaître, non-seulement la conte-nance de la *Grande mesure* correspond à 4 zéreth cubes, c'est-à-dire à 10.976 dactyles cubes ou à $72^{litres},352$, mais encore celle de l'Apet, quart de la grande mesure, corres-pond à un zéreth cube, c'est-à-dire à 2.744 dactyles cubes et à $18^{litres},088$, comme M. Saigey l'a admis, et non à $18^{litres},40$, comme M. Chabas l'a dit, sans y être suffisam-ment autorisé.

Plusieurs autres considérations peuvent être invoquées encore à l'appui de la théorie que je m'efforce d'établir ; et, dans cet ordre d'idées, les explications qui vont suivre ne seront pas sans importance.

Dans ses *Recherches sur les poids, mesures et mon-naies des anciens Egyptiens*, M. Chabas n'a jamais mentionné l'*Artabe*, malgré le fréquent usage que les Egyptiens faisaient de cette mesure. Mais voici un texte formel qui permet de combler cette lacune :

Ὁ Πτολομαϊκὸς δὲ μέδιμνος | Le Médimne Ptolémaïque
ἡμιόλιός ἐστι τοῦ Ἀττικοῦ καὶ | vaut un Médimne et demi
συνέστηκεν ἐξ ἀρταβῶν μὲν τῶν | Attique et contient deux Ar-
παλαιῶν β'. | tabes anciennes.

(*Fragmentum περὶ μέτρων inter Heronianas reliquias
servatum.* — Hultsch, tom. I, pag. 258).

On ne manquerait pas de me demander quel rapport je
prétends établir entre ce Μέδιμνος ptolémaïque et les mesures dont on se servait au temps des Pharaons dans
l'Egypte primitive, si je n'allais pas au devant de cette
objection en rappelant que, lorsque l'ancien système de
division de la coudée royale en 7 palmes et 28 dactyles a
été modifié, sous la domination des Ptolémées, pour être
remplacé par une nouvelle division en 6 palmes et 24
dactyles, la longueur effective de la coudée n'a pas varié
pour cela, et, par conséquent, n'a pu occasionner aucune
variation dans les contenances des mesures dont les
expressions viennent d'être données en dactyles pharaoniques et en mesures françaises. L'ancien zéreth égyptien
de 14 dactyles a été simplement remplacé par une spithame philétérienne de 12 dactyles ; mais la contenance
de l'Apet est toujours restée la même, quoique égale,
dans le premier cas, à 2.744 dactyles pharaoniques
cubes, et quoique réduite, dans le second, à 1.728 dactyles philétériens cubes ; et il en a été de même pour la
Grande mesure, dont la contenance n'a jamais pu varier.

C'est d'ailleurs ce que le texte précédent démontre lui-
même d'une manière évidente, puisqu'il nous apprend
que le Μέδιμνος ptolémaïque était égal non-seulement à
2 artabes *anciennes,* c'est-à-dire pharaoniques, mais
encore à un Μέδιμνος grec et demi, ou, ce qui est la même
chose, à 2 Μετρητής, c'est-à-dire, en d'autres termes, à
72^{litres},750 ; égalité *qui ne peut être qu'approximative,*
par la raison bien simple que les mesures auxquelles
elle se rapporte font partie de deux systèmes métriques

différents; ce qui suffit pour faire voir que le Μέδιμνος
ptolémaïque, approximativement égal à $72^{litres},750$, était
identiquement le même que la *Grande mesure* de
M. Chabas; rigoureusement égale à $72^{litres},352$.

. Quant à l'*ancienne* Artabe, puisqu'elle était contenue
deux fois dans le Μέδιμνος des Ptolémées ou, ce qui est la
même chose, dans la *Grande mesure* des Pharaons, il est
clair qu'elle était elle-même double de l'Apet et occupait
ainsi, d'une manière fort exacte, la place laissée vacante
dans la série de M. Chabas entre l'Apet et la *Grande
mesure*.

 « Une autre mesure, nommée Tena, a dit M. Chabas
à la page 14 de ses *Recherches*, intervient exception-
» nellement dans les tableaux du Calendrier de Médinet-
» Habou, mais n'entre pas dans les comptes proprement
» dits. M. Dümichen a trouvé qu'elle équivalait à un
» demi-apet ou au huitième d'une grande mesure; mais
» les exemples qu'il donne sont loin d'être concluants.....
» Dans l'ensemble des comptes, le demi est toujours
» représenté par la fraction, jamais par *Tena*. Les déter-
» minatifs du tena sont l'indication même de la grande
» mesure, et ces mêmes déterminatifs appartiennent
» encore à d'autres noms de mesures. Conséquemment
» ils ne nous apprennent rien concernant la valeur spé-
» ciale du Tena. Le mot Tena signifie *part, division.*
» Comme on se servait de cette mesure pour le miel,
» l'huile et la graisse d'éclairage, l'encens, etc., il est
» vraisemblable qu'elle était *de capacité inférieure à
» l'Apet.* Je crois toutefois *qu'il y a des tenas de plus
» d'une sorte* ».

 « Comme on le voit, la question est hérissée de diffi-
» cultés ».

 Malgré les incertitudes ainsi exprimées par M. Chabas,
j'adopte sans hésitation la théorie de M. Dümichen, et, à
mes yeux, le Tena est précisément la moitié d'un zéreth

cube, comme la grande mesure est la moitié d'une coudée cube.

En résumé donc, voici, ce me semble, comment doivent
être définies et comparées entre elles les mesures pharaoniques dont j'ai déjà fait connaître les noms et les
contenances.

NOMS de quelques mesures égyptiennes de capacité en usage à l'époque des Pharaons.	INDICATION des rapports que ces mesures présentent entre elles.	Contenances exprimées		
		d'abord à l'époque des Pharaons, en dactyles égyptiens cubes.	ensuite à l'époque des Ptolémées, en dactyles philétériens cubes.	et enfin en mesures françaises.
Tena, moitié d'un zéreth égyptien cube..........	 1	1.372	864	9litr.,044
Apet, cube d'un zéreth égyptien.	.... 1 2	2.744	1.728	18,088
Artabe primitive ou grande arta- be, double du cube précédent..	..... 1 2 4	5.488	3.456	36,176
Tam, Tama ou Grande mesure, moitié du cube d'une coudée royale..........	.. 1 2 4 8	10.976	6.912	72,352
Cube d'une coudée royale	1 2 4 8 16	21.952	13.824	144,703

Quoique toutes les contenances indiquées dans le tableau qui précède soient susceptibles d'être considérées
comme parfaitement exactes, mon étude du système pharaonique resterait néanmoins insuffisante, si je négligeais d'y ajouter quelques explications relatives aux
petites mesures qui servaient autrefois à compléter ce
système.

Mais les écrivains grecs, dont M. Hultsch s'est appliqué à réunir les indications dans ses *Metrologicorum*

scriptorum reliquiæ, fournissent heureusement les moyens de déterminer rigoureusement trois de ces petites mesures, auxquelles ils donnent à peu près le même nom, et qu'il importe cependant de distinguer soigneusement l'une de l'autre.

Ces mesures sont : le grand Hin (ἳν τὸ μέγα), le Hin sacré (ἳν τὸ ἅγιον), et le petit Hin (ἳνιον).

Les deux premières ne sont pas difficiles à déterminer ; car le texte suivant, que l'on trouve répété deux fois :

Ἳν μέγα ξεστῶν ἐστι ιη΄., τὸ δὲ ἅγιον ἳν ξεστῶν θ΄.	Le grand Hin contient 18 Ξέστης, le Hin sacré en contient 9.

(Excerpta ex Epiphanii libro de mensuris et ponderibus. Hultsch, t. I, Fr. 82, § 28, p. 264. l. 49 et *Fragmentum Eusebianum* Περὶ τῶν ὑγρῶν μέτρων. Hultsch, t. I, Fr. 88, § 3, p. 277, l. 13)

suffit pour montrer que ces deux mesures, comme toutes celles dont il a été question jusqu'ici, étaient exactement doubles l'une de l'autre et en outre *à peu près* égales, la première à 18 Ξέστης grecs c'est-à-dire à 9 litres ou environ, et la seconde à 9 Ξέστης ou à 4^{litres} $^1/_2$; d'où il faut tirer cette conséquence, que le grand Hin, par cela seul qu'il devait avoir une contenance d'environ 9 litres, était identiquement le même que la mesure nommée Tena par M. Dümichen, dont la contenance exacte était, comme on l'a déjà vu, de 9^{litres},044. En outre, comme M. Chabas a dit dans le passage que j'ai transcrit tout à l'heure : « Je crois qu'il y avait des Tenas *de plus d'une sorte* », quand on vient de voir, d'un autre côté, qu'il y avait pareillement des Hins *de plus d'une sorte*, on doit certainement trouver là un motif de plus pour croire que le grand Hin et le Tena ne pouvaient être, en effet, qu'une seule et même mesure, et par conséquent aussi pour assigner au Hin sacré, égal à la moitié du grand Hin, un poids exact de

50 outens et une contenance exacte d'un quart de zéreth, c'est-à-dire, en mesures égyptiennes, 686 dactyles cubes, et en mesures françaises 4^{litres},522.

Quant à l'Ινιον ou petit Hin, un texte, reproduit aussi
deux fois dans la publication de M. Hultsch, permet de
l'identifier à la mesure que M. Chabas nomme Han ou
Hin, et à laquelle il assigne une contenance de 0^{litre},46 et
un poids de 5 outens, parce que ce texte, sur lequel on
lit : καλεῖται δὲ παρὰ Αἰγυπτίοις ὁ ξέστης ἴνιον, « le ξέστης était
appelé Ινιον par les Egyptiens (*Cleopatræ tabulæ*,
Cap. X. Fr. 60. § 23, p. 235, l. XIX, et *Quarta collectio
derivata ex tabulis Cleopatræ et hippiatrica*, Fr. 79,
§ 20, p. 256, l. 5), autorise à croire que l'Ινιον occupait,
dans le système métrique égyptien, à peu près le même
rang que le ξέστης dans le système grec, et pouvait en
conséquence être considéré comme ayant à très peu
près la même contenance; et parce qu'il est facile de voir,
d'un autre côté, que le Hin de M. Chabas, par cela seul
qu'il correspondait, en poids, à 5 outens, correspondait
aussi à la dixième partie du Hin sacré; ce qui revient à
dire que sa contenance, égale au dixième de 4^{litres},522 ou
à 0^{litre},452, se rapprochait beaucoup, elle aussi, de la contenance du ξέστης grec, égale, comme on le sait, à
0^{litre},505. D'où je me crois autorisé à conclure que l'Ινιον
des anciens textes et le Hin de M. Chabas, aussi rapprochés l'un que l'autre du ξέστης grec, ne pouvaient constituer, à leur tour, qu'une seule et même mesure.

Cependant, et quoique la contenance du Hin sacré
corresponde très-exactement, en mesures égyptiennes,
à 686 dactyles cubes, il est permis de croire qu'on se
tromperait, si l'on voulait attribuer, avec la même exactitude, au petit Hin le dixième de 686 dactyles, c'est-à-
dire 68 dactyles égyptiens cubes plus $^3/_5$, parce qu'il est
impossible d'admettre rationnellement cette expression
fractionnaire, surtout quand on la rapporte, comme je

lè fais ici, à l'origine même du système métrique égyptien, et cela par une double raison :

En premier lieu, parce qu'une rigueur mathématique était inutile et n'a jamais dû être recherchée à cette époque reculée ;

Et en second lieu, parce que cette rigueur n'a pu devenir nécessaire, et n'a été certainement introduite dans la métrologie égyptienne qu'au moment où l'on a eu besoin d'établir une correspondance exacte entre les mesures cubiques et les mesures pondérales, correspondance qu'on n'avait pas eu à rechercher dans l'origine, parce qu'il est bien certain que, lorsque les premières mesures pondérales ont été introduites dans la pratique, les mesures cubiques étaient nécessairement réglées, et même usuelles depuis fort longtemps déjà.

Si cette théorie est admise, il devient facile d'indiquer comment on a réglé, pour la première fois, la contenance du petit Hin, élevée plus tard jusqu'à 68 dactyles cubes $^3/_5$; car elle n'a pu correspondre dans l'origine, on le conçoit sans peine, qu'à *un palme cube*, ou, en d'autres termes, à 64 dactyles cubes ; et voici alors, si mon illusion n'est pas complète, quelles ont dû être les premières mesures de capacité employées en Egypte, et comment elles ont été déterminées.

On n'en a compté d'abord que trois, savoir :

1° Le palme cube, ou cube de 4 dactyles de côté, nommé simplement Hin, à ce premier moment, mais désigné plus tard sous le nom de petit Hin, et contenant dans l'origine 64 dactyles cubes seulement ;

2° Le zéreth cube, nommé Apet, cube de 14 dactyles de côté et contenant ainsi 2.744 dactyles cubes ;

Et 3° la coudée royale cube, ou cube de 28 dactyles de côté et contenant, par suite, 21.952 dactyles cubes, ou, ce qui est la même chose, 343 palmes cubes.

Plus tard, la moitié et le quart de la coudée cube ont servi à former : 1° le Tama, ou grande mesure, et 2° la grande Artabe, comme la moitié et le quart du zéreth cube ont servi à former : 1° le Tena, ou grand Hin, et 2° le Hin sacré.

Les étalons-types de ces diverses mesures étaient par conséquent les suivants :

Tam, Tama ou grande
  mesure............ Prisme droit à base carrée d'une coudée de côté sur un zéreth de hauteur.

Grande Artabe........ Prisme droit à base carrée d'un zéreth de côté sur une coudée de hauteur.

Apet................ Cube d'un zéreth de côté.

Tena ou grand Hin.... Prisme droit à base carrée d'un zéreth de côté sur 7 dactyles ou $^1/_2$ zéreth de hauteur.

Hin sacré............ Prisme droit à base carrée de 7 dactyles ou d'un demi-zéreth de côté sur 1 zéreth de hauteur.

Quant au petit Hin, d'abord représenté par un cube d'un palme de côté, il a été ensuite remplacé par un prisme droit à base carrée de 4 dactyles et $^1/_8$ de côté sur 4 dactyles et $^1/_{32}$ de hauteur, quand il a été nécessaire d'augmenter sa capacité pour la rendre rigoureusement égale à la 10ᵉ partie du Hin sacré.

Voici donc quelle était la série des mesures de capacité en usage en Egypte au temps des Pharaons, lorsqu'on néglige celles qui se trouvaient plus petites qu'un palme cube. Elle est résumée dans le tableau suivant, qui indique à la fois les divers rapports que ces mesures présentent entre elles, leurs contenances exprimées en dactyles égyptiens cubes et en litres, et enfin leurs poids exprimés en Outens et dixièmes d'Outen, anciennement nommés Katis.

NOMS DES ANCIENNES MESURES Égyptiennes.	Valeurs de ces mesures rapportées au *μέτρης* grec et ajoutées sur le présent tableau pour faciliter l'étude et la comparaison des textes grecs.	RAPPORTS QUE LES MESURES ÉGYPTIENNES de capacité présent entre elles.						CONTENANCES exprimées rigoureusement		POIDS correspondants exprimés en *Katis* et en *Outens*.
								en dactyles cubes.	en litres.	
ἱνιον, ou petit Hin, ayant, dans le principe, une contenance exacte d'un palme cube							1	64	0,422	48 Katis.
Et ayant plus tard une contenance égale au 10ᵉ du Hin sacré	1 = 0,505.21 *litres*						1	68,6	0,452	50 Katis.
Hin sacré, quart de l'Apet	9 = 4,546.88					1	10	686	4,522	50 Outens.
Tena ou grand Hin, moitié de l'Apet	18 = 9,093.75				1	2	20	1.372	9,044	100
Apet, cube d'un zéreth	36 = 18,187.5				2	4	40	2.744	18,088	200
Grande Artabe, quart de la coudée royale cube	72 = 36,375			1	4	8	80	5.488	36,176	400
Tam, Tama ou Grande mesuré, moitié de la coudée royale cube	144 = 72,750	1	2	2	8	16	160	10.976	72,352	800
Cube de la coudée royale	288 = 145,500	1	2	4	8	16	320	21.952	144,704	1.600

La grande régularité et l'extrême simplicité des combinaisons *binaires* que l'on remarque dans ce tableau
frapperont certainement tout le monde. Il est facile cependant de reconnaître, si l'on veut bien prendre la peine de
remonter par la pensée jusqu'aux temps des Pharaons,
qu'il était alors complètement impossible d'en adopter
d'autres, parce que la coudée royale, divisée en 28 dactyles, dont on se servait dans ces temps reculés, n'était
divisible elle-même que par 2 ou par 7, et parce qu'il
résulte de là que les mesures de capacité déduites du
cube de cette coudée ne pouvaient admettre, à leur tour,
que des divisions *binaires*, la division en 7 parties égales
ne pouvant jamais être appliquée pratiquement à des
mesures cubiques.

Il est hors de doute que, indépendamment des mesures de capacité dont les contenances et les poids viennent d'être déterminés, le système métrique des Pharaons contenait un certain nombre de mesures plus
petites que l'Ινιον ; mais les documents que l'on possède
ne donnent malheureusement sur ce point que des renseignements très-incomplets.

Voici d'abord en quels termes M. Chabas s'est exprimé, en parlant de ces mesures, à la page 6 de ses
Recherches :

« Il existait deux instruments de mesurage exactement
» divisionnaires du Hin (lisez : du petit Hin).

» L'un se nommait Hibn et servait pour l'encens et les
» autres parfums précieux ; il valait ¹/₄ du Hin ordinaire
» (lisez encore du petit Hin).

» De la seconde mesure divisionnaire, je n'ai rencon-
» tré nulle part l'expression phonétique ; elle est cons-
» tamment désignée par un hiéroglyphe qui représente
» une coupe versant son contenu ; je l'ai appelée *la*
» *Tasse* ; elle était contenue trois fois dans le Hin. Elle
» paraît avoir servi uniquement à certains dosages dans

» les temples, et ne peut guère figurer au nombre des
« mesures usuelles de capacité ».

Je ne refuse pas d'adopter, dans son ensemble, cette
opinion de M. Chabas ; parce qu'il est bien permis de
croire que, pour évaluer des contenances moindres que
le petit Hin, on a dû se contenter, surtout dans le principe, de les considérer comme égales à la moitié, au
tiers ou au quart de cette mesure.

Cependant, puisqu'on sait d'une manière certaine que
le quart du petit Hin avait reçu un nom particulier
(Hibn), il y a lieu, ce me semble, d'admettre qu'on a
pu agir de la même manière, dans la suite des temps,
pour quelques-unes au moins des autres fractions.

Et il résulte des indications contenues dans le tableau
qui va suivre que ces nouvelles mesures, si elles ont
été effectivement admises dans le système métrique des
Pharaons, n'ont pu être réglées qu'en assignant au
petit Hin sa contenance primitive de 64 dactyles cubes,
auxquels correspondait un poids exact de 48 katis.

8

TABLEAU INDICATIF

DES DIVERSES FRACTIONS DU PETIT HIN.

Indications.	Dimensions normales exprimées en dactyles égyptiens			Contenances exprimées		Poids correspondants à ces contenances exprimés en Kati.
	Longueur.	Largeur.	Hauteur.	en dactyles égyptiens cubes.	en centimètres cubes.	
Ἵνιον, petit Hin ou palme cube......	4	4	4	64	421,8	48
$1/2$...............	4	4	2	32	210,9	24
$1/3$ *(Tasse)*.......	4	2	$2^2/3$	$21^1/3$	140,6	16
$1/4$ *(Hibn)*......	4	2	2	16	105,45	12
$1/6$...............	2	2	$2^2/3$	$10^2/3$	70,30	8
$1/8$ cube d'un $1/2$ palme de côté.....	2	2	2	8	52,72	6
$1/12$..............	2	2	$1^1/3$	$5^1/$	35,15	4
$1/16$..............	2	2	1	4	26,36	3
$1/24$..............	2	1	$1^1/3$	$2^2/3$	17,58	2
$1/32$..............	2	1	1	2	13,18	$1^1/2$
$1/48$..............	1	1	$1^1/3$	$1^1/3$	8,79	1
$1/64$ cube d'un dactyle de côté.	1	1	1	1	6,59	»$3/4$

Quelque incomplets que ces derniers renseignements puissent paraître, il est malheureusement nécessaire d'avouer qu'on ne possède, dans l'état actuel de la science métrologique, aucun moyen de suppléer à leur insuffisance. Mais cette fâcheuse lacune ne s'étend pas heureusement jusqu'au système métrique des Ptolémées, pour lequel les documents dont on peut disposer fournissent, au contraire, comme on le verra dans le chapitre suivant, les indications les plus complètes et les plus positives.

CHAPITRE II.

Modifications introduites par les Ptolémées dans le système pharaonique des mesures de capacité.

On a vu, dans le chapitre précédent, que, malgré la modification considérable introduite par les Ptolémées dans l'ancien système de division de la coudée royale d'Égypte en palmes et dactyles, cette modification a conduit seulement à changer les *expressions des contenances* des anciennes mesures pharaoniques de capacité, sans changer pour cela *ces contenances elles-mêmes,*

C'est ainsi notamment que le cube de la coudée royale, qui contenait, dans le principe, 343 palmes égyptiens cubes; ou, ce qui est la même chose, 21.952 dactyles égyptiens cubes, est toujours resté invariable, pendant toute la durée de la domination des Ptolémées, quoique ne contenant plus que 216 palmes philétériens cubes ou 13.824 dactyles philétériens cubes, parce que le dactyle linéaire philétérien, égal à $0^m,021.875$, correspond, quand on l'élève au cube, à $10^{cent.\ cubes},467.529.296.875$, tandis que le cube du dactyle égyptien, égal lui-même à $0^m,018.75$ seulement, ne donne, lorsqu'on l'élève au cube, que $6^{cent.\ cubes},591.796.875$, ce qui suffit pour faire gagner d'un côté ce qui est perdu de l'autre; de sorte qu'en définitive les 13.824 dactyles philétériens cubes et les 21.952 dactyles égyptiens cubes correspondent très-exactement, les uns aussi bien que les autres, en mesures françaises, à $144^{litres},704$.

Le même fait peut être constaté, de la même manière, pour toutes les autres mesures cubiques des Pharaons, depuis le Tama ou Grande mesure jusqu'au Hin sacré, qui, contenant 432 dactyles philétériens seulement, dans le système ptolémaïque, et au contraire 686 dactyles égyptiens, dans le système pharaonique, n'en restait pas moins, dans un cas comme dans l'autre, très-exactement égal, en mesures françaises, à 4^{litres},522.

Cependant la même règle ne s'applique plus et ne peut plus s'appliquer à l'Ινον et aux petites mesures qui en dérivent, parce que la longueur du palme égyptien, qui ne peut être traduite en mesures philétériennes que par 3 dactyles $^3/_7$, conduit à assigner, à la traduction d'un palme égyptien cube en mesures philétériennes, une expression fractionnaire tellement compliquée qu'il est impossible de songer à l'attribuer pratiquement à une mesure cubique; et les réformateurs du système pharaonique se sont ainsi trouvés dans l'obligation absolue de modifier, d'une manière complète, les contenances de toutes les petites mesures de capacité adoptées dans cet ancien système, malgré le désir qu'ils avaient certainement de ne s'écarter que le moins possible des unités nationales primitives, à la conservation desquelles le peuple égyptien devait nécessairement attacher une très-grande importance.

Les règles qu'ils ont suivies, dans cet ordre d'idées, ne sont peut-être pas très philosophiques, car elles ne sont pas toutes basées sur le même principe. Mais telles qu'elles sont, on peut au moins les comprendre et les exposer sans beaucoup de peine.

Voici, en effet, comment la réforme ptolémaïque a été opérée :

On a d'abord introduit sans modification dans le nouveau système :

1° Pour le jaugeage des liquides et à titre de mesure principale, la grande Artabe pharaonique égale en mesures égyptiennes, à 5.488 dactyles cubes, et en mesures philétériennes à 3.456 dactyles cubes seulement, parce que sa contenance effective, égale en mesures françaises à 36^{litres};176, s'est trouvée, *par hasard*, très-sensiblement égale à celle du Μετρητής grec, égale, elle-même, comme on l'a vu précédemment, à 5.184 dactyles grecs, c'est-à-dire à 36^{litres},375 ;

Et 2° pour la mesure des matières sèches et, encore une fois, à titre de mesure principale, le Tama, ou *Grande mesure* de M. Chabas, parce que sa contenance, exprimée en mesures philétériennes, est rigoureusement égale, comme celle du Μέδιμνος exprimée en mesures grecques, à la moitié d'une coudée cube, ou, en d'autres termes, à 6.912 dactyles cubes.

Les deux grandes mesures ainsi admises *avec leurs anciennes contenances* dans le système métrique des Ptolémées, y ont pris naturellement les noms grecs de Μετρητής et de Μέδιμνος, quoiqu'il résulte de ce qui vient d'être dit : 1° que, dans le système ptolémaïque, le Μέδιμνος, égal à 6.912 dactyles philétériens cubes, est précisément double de la grande artabe ou Μετρητής, égale elle-même à 3.456 dactyles philétériens cubes, quand, au contraire, dans le système grec, le Μέδιμνος ne contient qu'un Μετρητής et un tiers ;

2° Que la grande artabe ou Μετρητής ptolémaïque est néanmoins sensiblement égale au Μετρητής grec ;

Et 3° enfin que le Μέδιμνος ptolémaïque et le Μέδιμνος grec, bien que contenant, tous les deux, *un même nombre de dactyles cubes*, n'en sont pas moins entre eux, très-approximativement, dans le rapport de 3 à 2, parce qu'un dactyle grec cube est égal, en mesures françaises, à 7$^{cent. cubes}$,017 seulement, quand un dactyle philétérien cube correspond à 10$^{cent. cubes}$,467.5, et se trouve ainsi très-sensiblement égal à un dactyle cube et demi grec.

Ces rapports sont d'ailleurs confirmés de la manière la plus formelle, non-seulement par le texte que j'ai déjà transcrit à la page 104 du chapitre précédent, mais encore par celui que j'emprunte ici à S. Epiphane :

'Αρτάβη. Τοῦτο τὸ μέτρον | Artabe. C'est une mesure
παρ Αἰγυπτίοις ἐκλήθη. Ἔστι δὲ | égyptienne. Elle contient
ἑβδομήκοντα δύο ξεστῶν. | 72 Ξέστης.

(Excerpta ex Epiphanii libro de Mensuris et Ponderibus. Hultsch, t, I, p. 262, l. 21-22).

Et l'on sait, en effet, que 72 Ξέστης sont égaux à un Μετρητής dans le système métrique grec.

Isidore a dit aussi dans ses *Etymologies* : *Artaba mensura est apud Aegyptios Sextariorum LXX duorum.* (Hultsch, t. II, p. 120, l. 18).

Les Ptolémées ont introduit ensuite et conservé, dans leur système métrique, sans le modifier en aucune manière, le Hin sacré pharaonique; et, comme sa contenance, exprimée en unités philétériennes, est égale à 432 dactyles cubes, aussi bien que celle du Χοῦς grec, ce nom de Χοῦς lui a été donné par analogie, quoique sa contenance réelle fût ainsi très-approximativement égale à une fois et demie celle du Χοῦς grec, et quoique ce nouveau Χοῦς se trouvât, par suite, comme le nouveau Μέδιμνος, dans le rapport de 3 à 2 avec la mesure grecque de même nom. De sorte que le Χοῦς, ainsi égal au Hin sacré, a été dans le rapport de 1 à 16 avec le Μέδιμνος ptolémaïque, comme le Χοῦς grec comparativement au Μέδιμνος grec, mais n'a pu être cependant que dans le rapport de 1 à 8 avec le Μετρητής ptolémaïque, quoique le Χοῦς grec soit, de son côté, dans le rapport de 1 à 12 avec le Μετρητής grec.

En outre, l'Apet pharaonique ou spithame cube a été introduit, lui aussi, dans le système ptolémaïque sans y subir aucune modification, quoiqu'il ne puisse être rapproché d'aucune mesure grecque, ni par la valeur absolue de sa contenance, égale à 18litres,088, ni par son expression en mesures philétériennes, égale à 1.728 dactyles cubes, mais uniquement parce que cette mesure était celle que l'on affectait sous les Pharaons au jaugeage des liquides; et ce motif a suffi pour lui faire attribuer le

nom d'Ἀμφορεύς, dans le nouveau système, quoique l'Ἀμφο
ρεύς ainsi réglé ne contienne que 4 Χοῦς, quand l'Ἀμφορεύς
grec en contient au contraire 8.

En dernier lieu, l'Ἴνιον ou petit Hin, qu'il était complètement impossible de conserver, ainsi que je l'ai déjà
fait remarquer, a été remplacé, dans le système ptolémaïque, par deux mesures entièrement nouvelles, l'une
un peu plus petite et l'autre, au contraire, un peu plus
grande que l'Ἴνιον.

Celle-ci, qui a reçu le nom de Χοῖνιξ, parce qu'on a
voulu la rapprocher autant que possible de la Χοῖνιξ
grecque, a été, par ce motif, égale au quart du Hin sacré
ou Χοῦς ptolémaïque, c'est-à-dire, en d'autres termes,
égale à 108 dactyles philétériens cubes, ou, en mesures
françaises, à 1^litre,130.5, quand on sait que la contenance
de la Χοῖνιξ grecque était de 1^litre,010.4.

Quant à la seconde mesure, déduite aussi du Hin
sacré ou Χοῦς ptolémaïque, et que l'on a voulu rendre
égale à la douzième partie de ce Χοῦς, elle a été réglée,
en mesures philétériennes, à 36 dactyles cubes, comme
la Κοτύλη grecque en dactyles grecs, et a reçu, en conséquence, ce nom de Κοτύλη, qu'on a pu lui donner aussi
parce qu'elle se trouve, comme la Κοτύλη grecque, égale
à la douzième partie du Χοῦς. Malgré cela, et je signale
d'une manière particulière ce détail que j'aurai à rappeler plus tard, il y a lieu de faire remarquer que, dans le
système ptolémaïque, le Χοῦς contient 4 Χοῖνιξ, et la Χοῖνιξ
3 Κοτύλη, tandis que, à l'inverse, dans le système grec, le
Χοῦς contient 3 Χοῖνιξ, et la Χοῖνιξ 4 Κοτύλη.

Cette Κοτύλη ptolémaïque, dont la contenance est exprimée en dactyles par le même nombre que la Κοτύλη
grecque, devient, par cela seul, égale à une fois et demie
celle-ci, et justifie ainsi le nom de grande Κοτύλη, qui lui
est donné quelquefois par les auteurs grecs, notamment
par Galien, à la fin de son VII° chapitre, où on lit :
Ἡ μεγάλη κοτύλη ἴση τῷ ὀξύβαφῳ (Hultsch. t. I. Fr. 57, § 22,

p. 230, l. 6). Il est incontestable que ce texte, évidemment altéré par les copistes, n'est susceptible d'aucune explication raisonnable; mais il n'en suffit pas moins, tel qu'il est, pour établir que le nom de grande Κοτύλη a été effectivement donné à la Κοτύλη ptolémaïque, et c'est, pour le moment, tout ce qu'il importe de constater (1).

Le système métrique, sur lequel je viens d'appeler l'attention, paraît avoir été introduit en Egypte par les Ptolémées dès l'origine de leur domination, et les anciens auteurs grecs sont dans l'usage de donner, sans qu'on sache exactement pour quel motif, aux mesures ainsi constituées, le nom de *mesures géorgiques*. Il semble néanmoins permis de croire que, lorsque ces premières mesures ptolémaïques ont été modifiées à leur tour, comme je l'expliquerai bientôt, pour les rapprocher davantage, dans l'intérêt du commerce que l'Egypte entretenait avec les autres pays, d'abord du système grec et ensuite du système romain, les habitants des campagnes, toujours plus lents que les autres à renoncer à leurs vieilles habitudes, ont pu conserver pendant très-longtemps encore ces premières mesures ptolémaïques, qui n'étaient au fond qu'une très-légère modification de l'ancien système pharaonique, et que c'est précisément pour ce motif que le nom de mesures géorgiques leur a été donné.

Dans tous les cas, et quelle que puisse être la valeur de cette hypothèse, il n'en demeure pas moins certain que la série des mesures de capacité en usage en Egypte, dès les premiers temps du règne des Ptolémées, doit être, réglée et peut être comparée, d'un côté, au système pharaonique, et de l'autre, au système grec de la manière indiquée dans les tableaux suivants :

(1) Voyez la note **XII**.

N° 1. — *Tableau comparatif des mesures géorgiques et des anciennes mesures pharaoniques.*

MESURES PHARAONIQUES.			Valeurs des mesures égyptiennes rapportées approximativement au ξέστης grec et ajoutées sur le présent tableau pour faciliter la comparaison et l'étude des textes grecs.	MESURES GÉORGIQUES.		
NOMS de ces mesures.	Contenances exprimées en dactyles cubes égyptiens.	Contenances exprimées en mesures françaises.		NOMS GRECS de ces mesures.	Contenances en dactyles cubes phthétériens.	Contenances exprimées en mesures françaises.
		litres				litres
»	»	»	3/4	Grande Κοτύλη	36	0,376.8
Ivov ou petit Hin.	68.6	0,452	1	»	»	»
»	»	»	2 ¼	Χοῖνιξ	108	1,130.5
Hin sacré	686	4.522	9	Χοῦς	432	4,522
Apet	2.744	18.088	36	Ἀμφορεύς	1.728	18,088
Grande Artabe	5.488	36.176	72	Μετρητής	3.456	36,176
Tama ou grande mesure	10.976	72.352	144	Μέδιμνος	6.912	72,352

N. 2. — *Tableau comparatif des mesures grecques de capacité et des mesures géorgiques substituées par les Ptolémées aux anciennes mesures pharaoniques.*

NOMS GRECS des mesures GÉORGIQUES	MODE DE FORMATION des ÉTALONS DE CES MESURES	RAPPORTS QUE PRÉSENTENT ENTRE ELLES — 1° Les mesures géorgiques						2° Les mesures grecques de même nom						CONTENANCES des MESURES GÉORGIQUES exprimées en DACTYLES philétériens	en MESURES françaises	CONTENANCES des MESURES GRECQUES exprimées en DACTYLES grecs	en MESURES françaises
															litres		litres
Κοτύλη	Prisme droit à base carrée de 3 dactyles de côté sur 4 de hauteur						1						1	36	0,376.8	**36**	0,252.6
Χοῦς	Prisme droit à base carrée de 6 dactyles de côté sur 3 de hauteur					1	3					1	4	108	**1,130.5**	144	**1,010.42**
Χοῖς	Prisme droit à base carrée de 6 dactyles de côté sur une spithame de haut.				1	4	12				1	3	12	**432**	4,522	**432**	3,031.25
Ἀμφορεύς	Spithame philétérienne cube			1	4	16	48			1	8	24	96	1.728	18,088	3.456	24,250
Μετρητής	Prisme droit à base carrée d'une spithame de côté sur une coudée de hauteur.		1	2	8	32	96		1	1 1/2	12	36	144	3.456	**36,176**	5.184	**36,375**
Μέδιμνος	Prisme droit à base carrée d'une coudée de côté sur une spithame de hauteur.	1	2	4	16	64	192	1	1 1/3	2	16	48	192	**6.912**	72,352	**6.912**	48,500

Les nombres sur lesquels l'attention doit porter d'une manière spéciale, et qui doivent être particulièrement comparés entre eux, sont distingués sur ces tableaux par des chiffres plus apparents; et, comme l'exactitude de quelques-uns de ces nombres pourrait être contestée, si je ne faisais pas connaître les textes qui la confirment, je réunis ici ces textes à ceux qui ont été déjà rapportés précédemment :

Fragmentum περὶ μέτρων inter Heronianos reliquias servatum.

Ὁ πτολομαϊκὸς δὲ μέδιμνος ἡμιόλιός ἐστι τοῦ Ἀττικοῦ καὶ συνέστηκεν ἐξ ἀρταβῶν μὲν τῶν παλαιῶν β'. (Hultsch, t. 1, p, 258, l. 17-19).

Le Médimne ptolémaïque vaut un médimne et demi attique, et contient deux artabes anciennes.

Excerpta ex Epiphanii libro de mensuris et ponderibus.

Ἀρτάβη. τοῦτο τὸ μέτρον παρ Αἰγυπτίοις ἐκλήθη. Ἔστι δὲ ἑβδομήκοντα δύο ξεστῶν. (Hultsch, t. 1, p. 262, l. 21-22).

Artabe. — C'est une mesure égyptienne. Elle contient 72 ξέστης.

Collectio de mensuris et Ponderibus Galenea.
(Cap. VII) Secunda tabula ponderum
et mensurarum.

Ἡ μεγάλη κοτύλη ἴση τῷ ὀξυ-βάφῳ.
ὁ (*sic*) Χοῖνιξ ἔχει κοτύλας τρεῖς.
ὁ Ἀμφορεὺς ξέστας τριάκοντα ἕξ.
ὁ Μετρητής ξέστας ἑβδομήκοντα δύο.
ὁ Μέδιμνος ξέστας ἑκατὸν δύο.
(Hultsch, t. I, p. 230, l. 6-11).

La grande Κοτύλη est...(?)
La Χοῖνιξ contient 3 Κοτύλη.
L'Ἀμφορεύς contient 36 Ξέστης
Le Μετρητής en contient 72,
et le Μέδιμνος 102.

Cleopatrae tabula (Cap. X).

Ἐν δὲ τοῖς γεωργικοῖς εὗρον τὴν κοτύλην τρία τέταρτα ξέστου. τὸν δὲ χοῦν ξεστῶν θ', κοτυλῶν δὲ ιβ'. καὶ τὸν ἀμφορέα ξεστῶν λϛ', κοτυλῶν μη· τὸν δὲ μετρητὴν ξεστῶν οβ', κοτυλῶν ϛϛ· τὸν δὲ μέδιμνον ξεστῶν ρβ', κοτυλῶν ρλϛ'.

(Hultsch, t. I, p. 236, l, 12-16).

J'ai trouvé que dans les mesures géorgiques la Κοτύλη est les trois quarts du Ξέστης, que le Χοῦς contient 9 Ξέστης et 12 Κοτύλη, et que l'Ἀμφορεύς contient 36 Ξέστης et 48 Κοτύλη; quant au Μετρητής, il contient 72 Ξέστης et 96 Κοτύλη; mais le Μέδιμνος contient 102 Ξέστης et 136 Κοτύλη.

Deux observations doivent être ajoutées à ces textes, dans le but de prévenir les objections que l'on ne manquerait pas de faire à la théorie que je viens d'exposer, si je négligeais d'entrer ici dans ces détails. La première est relative à la contenance du Μέδιμνος égyptien, que les textes précités donnent de deux manières très-différentes : d'abord comme égale à un Μέδιμνος grec et demi, ou, ce qui est la même chose, à 144 Ξέστης, et ensuite comme réduite à 102 Ξέστης seulement ; ce qui revient à dire, en d'autres termes, que cette contenance, évaluée en mesures françaises, se trouve réglée tantôt à 72^{litres},750, et tantôt à 51^{litres},531.42, en assignant au Ξέστης une contenance de 0^{litres},505.21. Malgré la grande différence que ces deux évaluations présentent, je me crois autorisé à soutenir que la contradiction qui en résulte est plus apparente que réelle, et que la parfaite exactitude des anciens textes doit être admise, dans un cas aussi bien que dans l'autre, parce que ces textes ne se rapportent pas tous *à la même époque*, et parce que le Μέδιμνος ptolémaïque, incontestablement égal, comme je l'ai déjà indiqué, au Tama pharaonique, a été remplacé, *à l'époque de la domination romaine*, ainsi qu'on le verra bientôt, par un autre Μέδιμνος plus petit, qui est précisément celui auquel nos deux derniers textes correspondent. Ce second Μέδιμνος n'est donc, à proprement parler, qu'un Μέδιμνος *romain*, et doit être considéré comme déduit du Cadus ou Μετρητής romain, identiquement comme le Μέδιμνος se déduit, dans le système grec, du Μετρητής qui lui correspond, c'est-à-dire que ce Μέδιμνος *romain*, égal à un Cadus et *un tiers*, doit être égal à $52^{litres},026$ ($^4/_3 \times 39^{litres},019.5$), quand on le calcule en onces romaines, et par conséquent à $51^{litres},249$ seulement, quand on le calcule en dactyles philétériens, comme je l'expliquerai dans le chapitre suivant.

La seconde observation que je tiens à introduire ici s'applique au texte attribué à Cléopatre, dans le but évident de faire comprendre qu'il est relatif à des mesures égyptiennes. Les anciens manuscrits, qui nous l'ont conservé, portent : ἐν δὲ τοῖς γεωργικοῖς εὗρον τὴν κοτύλην τρίτον ἢ τέταρτον ξέστου; mais comme ce texte, certainement altéré par les copistes, doit être, par ce seul motif, rectifié, je me suis cru autorisé à adopter ici la version indiquée par M. Hultsch, dans le 77ᵉ paragraphe de ses prolégomènes, où on lit, en note, à la page 128 :

« *In ipsa Cleopatrae tabula vitiose legitur* εὗρον τὴν
» κοτύλην τρίτον ἢ τέταρτον ξέστου; *nam in omni reliqua ta-*
» *bula ea ratio valet, ut terni sextarii faciant cotylas*
» *quaternas. Apparet igitur vulgatam scripturam*
» *corruptam esse ex* γ′ δ″ *h. e.* τρία τέταρτα ».

Il est, en effet, incontestable que ce texte, considéré dans son ensemble, oblige à reconnaître

que 9 Ξέστης contiennent 12 Κοτύλη
que 36 en contiennent 48
que 72 en contiennent 96
et enfin que 102 en contiennent 136

ou plus simplement que 3 Ξέστης sont égaux à 4 Κοτύλη, et que, par conséquent, dans le système métrique auquel ce texte se rapporte, une Κοτύλη est égale, comme je l'ai admis, aux $^3/_4$ d'un Ξέστης.

Pour achever maintenant de faire connaître les modifications introduites par les Ptolémées dans le système des mesures de capacité pharaoniques, j'ai besoin d'invoquer encore deux nouveaux textes que je place ici en regard l'un de l'autre pour rendre leur comparaison plus facile, et pour montrer, en même temps, qu'ils n'en représentent, à proprement parler, qu'un seul, et qu'ils doivent être, par suite, considérés comme déduits, tous les deux, d'un texte unique plus ancien et aujourd'hui perdu.

Collectio de mensuris et ponderibus Galenea.	Tertia collectio ponderum et mensurarum.
(Cap. XV) Decima mensurarum et ponderum tabula.	Περὶ μέτρων.
1. Μέδιμνος ἔχει ἡμίεκτα ιβ' (12).	1. Ὁ Μέδιμνος ἔχει ἡμίεκτα ιβ' (12).
2. Τὸ δὲ ἡμίεκτον χοῦς δύο.	2. Τὸ δὲ ἡμίεκτον χοῦς β' (2).
3. Ὁ δὲ χοῦς χοίνικας τέσσαρας.	3. Ὁ δὲ χοῦς χοίνικας δ' (4).
4. Ὁ (sic) δὲ χοῖνιξ κοτύλας Ἀττικὰς ἔχει τρεῖς, σταθμῷ δὲ ἄγει ὁλκὰς ρπ (180).	»
5. Ὁ δὲ χοῦς ἐστι μὲν μέτρῳ κοτυλῶν Ἀττικῶν ιβ' (12), σταθμῷ δὲ ἄγει <ψκ' (720).	4. Ὁ δὲ χοῦς ἐστι μέτρον κοτυλῶν Ἀττικῶν ιβ' (12), σταθμῷ δὲ <ρκη' (128) (1).
6. Ὁ δὲ ξέστης μέτρῳ μὲν κοτυλῶν β' (2), σταθμῷ δὲ ἄγει ρκ' (120).	»
7. Ἡ δὲ κοτύλη ἔχει κυάθους ἕξ, σταθμῷ δὲ <ξ' (60)· τὴν δὲ κοτύλην οἱ Ἀττικοὶ καὶ τρυβλίον ὀνομάζουσι.	5. Ἡ δὲ κοτύλη ἔχει κυάθους ς' (6), σταθμῷ <ξ' (60), τὴν δὲ κοτύλην οἱ Ἀττικοὶ καὶ τρυβλίον ὀνομάζουσι.

(1) Ce chiffre ρκη' = 128 est certainement fautif et a été, sans aucun doute, altéré par les copistes; car il est évident, puisqu'un Χοῦς contient 12 Κοτύλη pesant chacune 60 drachmes, comme les autres paragraphes du texte le constatent, que le poids d'un Χοῦς doit être porté à 720 drachmes, et non à 128 drachmes seulement.

8. Τὸ ὀξύβαφον μέτρῳ μὲν κοτύλης τέταρτον, ὅπερ ἐστὶ κύαθος εἷς ἥμισυ, σταθμῷ δὲ ἔχει δραχμὰς ιε (15). | 6. Τὸ ὀξύβαφον μέτρῳ μὲν κοτύλης τέταρτον, ὅπερ ἐστὶν κύαθος εἷς ἥμισυ, σταθμῷ δὲ ιέ (15).

3. Ὁ κύαθός ἐστι δραχμῶν δέκα. (Hultsch, t. 1, pag. 242, l. 12-26). | 7. Ὁ κύαθός ἐστιν < ι' (10) (Hultsch, t. 1, p. 251, l. 24-26, et p. 252, l. 1-7).

Il résulte des indications données par ces textes :

En premier lieu que, dans le système métrique dont ils parlent, le Μέδιμνος se divisait, comme dans le système grec, en 12 Ἡμίεκτον, et, par suite, qu'il y a lieu d'admettre dans ce système, quel qu'il soit, un Ἡμιμέδιμνος, un Τριτεύς et un Ἑκτεύς — peut-être même un Ἡμιδωδέκατον; et, en second lieu, qu'on trouve dans le même système, un Κύαθος, un Ὀξύβαφον, une Κοτύλη, un Ξέστης et un Χοῦς qui présentent entre eux les rapports indiqués dans le tableau suivant :

Κύαθος.............. **1**
Ὀξύβαφον......... **1. 1**$^{1}/_{2}$
Κοτύλη....... **1. 4. 6**
Ξέστης.. **1. 2.** 8. 12
Χοῦς **1.** 6. **12.** 48. 72

Nota. Les chiffres plus apparents que les autres sont ceux que les textes donnent directement; les cinq autres n'ont pu être obtenus que par le calcul.

et qui sont identiques, on le remarquera, à ceux qui existent, dans le système métrique grec, entre les mesures de même nom.

On peut même dire plus encore, car non-seulement la contenance de la Κοτύλη, dont il est question dans ces textes, y est donnée comme égale à celle d'une Κοτύλη grecque, mais encore on y constate que les poids des cinq mesures précitées correspondent :

pour le Κύαθος..... à ι' = 10 drachmes.
pour l'Ὀξύβαφον.... à ιε' = 15 id.
pour la Κοτύλη..... à ξ' = 60 id.
pour le Ξέστης..... à ρκ' = 120 id.
et pour le Χοῦς...... à Ψκ' = 720 id.

c'est-à-dire, en d'autres termes, sont rigoureusement égaux aux poids des mesures grecques de même nom; d'où il est nécessaire de conclure que nos cinq mesures

ont des contenances *égales* à celles des mesures grecques correspondantes.

Il n'en est pas de même cependant pour la Χοῖνιξ qui,
d'après les textes précités, est contenue 4 fois dans le
Χοῦς et ne contient elle-même que 3 Κοτύλη, quand on sait
que dans le système grec la Χοῖνιξ n'est contenue que
3 fois dans le Χοῦς, mais contient, à l'inverse, 4 Κοτύλη;
de sorte que les rapports établis, dans le système métrique que j'étudie en ce moment, entre la Χοῖνιξ et les
autres mesures, sont *identiquement les mêmes* que
ceux dont l'existence a été reconnue dans le système
géorgique égyptien; et il résulte de là que le système
défini par nos textes ne peut être complètement iden-
tifié, ni au système grec, ni au système géorgique
égyptien, quoiqu'il participe à la fois de l'un et de
l'autre.

Il est facile cependant de reconnaître à quel système
métrique il convient de rattacher le Μέδιμνος et l'Ἡμίεκτον
que ces mêmes textes font connaître, et, par conséquent
aussi, toutes les mesures comprises entre ces deux termes extrêmes; car on voit, d'après ces textes, 1° que
l'Ἡμίεκτον auquel ils se rapportent contient 2 Χοῦς ou 24
Κοτύλη *grecques*, quand, dans le système grec, l'Ἡμίεκτον
n'en contient que 16;

Et 2° que leur Μέδιμνος contient 12 Ἡμίεκτον ou 288 Κοτύλη,
quand le Μέδιμνος grec n'en contient que 192. Ce qui revient
à dire que le Μέδιμνος dont nous cherchons à déterminer
la contenance est égal à un Μέδιμνος grec et demi, et se
confond, par conséquent, avec le Tama ou grande
mesure pharaonique, ou, si l'on aime mieux, avec le
Μέδιμνος géorgique égyptien.

Nous sommes donc ici en présence d'une modification
de ce système géorgique, modification qui a été obtenue:

1° En diminuant *d'un tiers* TOUTES LES CONTENANCES
des petites mesures géorgiques, pour les rendre ainsi

égales, la Χοῖνιξ exceptée, aux mesures grecques de même nom;

Et 2° En conservant, sans les modifier, toutes les contenances des grandes mesures.

Il résulte de là que ces grandes mesures, dont les contenances n'ont pas varié, ont nécessairement conservé leurs anciennes expressions en dactyles philétériens cubes, quand, au contraire, *toutes* les expressions des petites mesures géorgiques en dactyles ont été diminuées *d'un tiers*; et l'on voit, en même temps, que cette réduction *d'un tiers* dans la contenance de la grande Κοτύλη géorgique a eu pour effet nécessaire d'augmenter d'*une moitié* les nombres qui indiquent combien de fois la nouvelle Κοτύλη est contenue dans chacune des grandes mesures, quoique ces mêmes nombres soient restés *sans variations* pour les petites mesures, comme on peut s'en assurer en étudiant le tableau comparatif placé à a fin de ce chapitre.

La simple comparaison des diverses parties de ce tableau démontre que la seconde modification introduite par les Ptolémées dans le système métrique égyptien, dans le but évident de le rapprocher davantage du système grec, a été obtenue, comme je viens de le dire, sans toucher aux grandes mesures nationales telles que l'Apet, la grande Artabe et le Tama, mais en remplaçant la grande Κοτύλη et le Χοῦς, tels qu'ils avaient été primitivement réglés, par de nouvelles mesures *aussi rapprochées que possible* des mesures grecques de même nom.

Quant à la Χοῖνιξ, quoiqu'elle se trouvât déjà, dans le système géorgique primitif, presque égale à la Χοῖνιξ grecque, elle n'en a pas moins été réduite dans la même proportion que la Κοτύλη et le Χοῦς, pour ne pas modifier les rapports précédemment établis entre ces diverses mesures, de sorte qu'elle est restée égale, comme précédemment, à 3 Κοτύλη seulement, quand elle est égale, dans le système grec, à 4 Κοτύλη.

Il est extrêmement probable qu'il existait, dans l'ancien système géorgique, un grand Κύαθος, un grand Οξύβαφον, et sans doute aussi quelques autres mesures de moindre importance. Mais comme la réalité de l'existence de ces mesures ne se trouve confirmée par aucun des textes que l'on possède, je n'ai pas voulu les introduire dans mon tableau, auquel j'ai ajouté seulement le Τριτεύς et l'Εκτεύς, dont l'ancienne existence m'a paru résulter du fait de l'existence de l'Ημίεκτον.

Tableau comparatif des mesures Ptolémaïques de capacité et des mesures grecques correspondantes.

MESURES GÉORGIQUES introduites par les Ptolémées en Egypte dès l'origine de leur domination.				MESURES GÉORGIQUES RECTIFIÉES pendant la durée de la domination des Ptolémées pour rapprocher davantage le système métrique égyptien du système grec.				MESURES GRECQUES CORRESPONDANTES.			
NOMS GRECS de ces mesures.	en fonction de la grande Κοτύλη	en dactyles philété-riens cubes	en mesures françaises — litres	NOMS GRECS de ces mesures	en fonction de la petite Κοτύλη égyptienne	en dactyles philété-riens cubes	en mesures françaises — litres	NOMS de ces mesures.	en fonction de la Κοτύλη grecque.	en dactyles grecs cubes.	en mesures françaises — litres
Premier groupe comprenant les petites mesures.											
?......	»	»	»	Κύαθος	1/8	4	0,041.9	Κύαθος	1/6	6	0,042.10
?......	»	36	0,376.8	Οξύβαφον ...	1/4	6	0,062.8	Οξύβαφον ...	1/4	9	0,063.15
Grande Κοτύλη	1			Κοτύλη	1	24	0,251.2	Κοτύλη	1	36	0,252.60
	»	»	»	Ξέστης	2	48	0,502.4	Ξέστης.......	2	72	0,505.21
Deuxième groupe affecté aux liquides.											
Χοῦς (Hin sacré)...	12	432	4,522	Χοῦς	12	288	3,014.5	Χοῦς........	12	432	3,031.25
Ἀμφορεύς (Ἄρετ ou spithama cube)	48	1.728	18,088	Ἀμφορεύς	72	1.728	18,088.	Ἀμφορεύς....	96	3.456	24,250
Μετρητής (grande Artabe).	96	3.456	36,176	Μετρητής ...	144	3.456	36,176	Μετρητής.....	144	5.184	36,375
Troisième groupe affecté aux matières sèches											
Χοῖνιξ	3	108	1,130.5	Χοῖνιξ	3	72	0,753.6	Χοῖνιξ	4	144	1,010.42
Ἡμίεκτον	16	576	6,029	Ἡμίεκτον ..	24	576	6,029	Ἡμίεκτον ...	16	576	4,041.66
Ἑκτεύς	32	1.152	12,058	Ἑκτεύς	48	1.152	12,058	Ἑκτεύς.....	32	1.152	8,083.33
Τριτεύς	64	2.304	24,117	Τριτεύς	96	2.304	24,117	Τριτεύς....	64	2.304	16,166.66
Μέδιμνος (Tama ou 1/2 coudée cube).	192	6.912	72,352	Μέδιμνος	288	6.912	72,352	Μέδιμνος	192	6.912	48,500

CHAPITRE III.

Modifications introduites par les Romains dans le système métrique des Ptolémées.

Les Romains n'ont pas eu à modifier les petites mesures de capacité dont il vient d'être question, et dont on se servait en Egypte sous les Ptolémées, parce qu'ils les ont trouvées déjà assimilées, comme on l'a vu, aux mesures grecques, et par conséquent aussi aux mesures romaines. Ils ont modifié cependant *les noms* de ces mesures.

Il en résulte que le Cyathus égyptien est égal au Κύαθος des Ptolémées, et qu'il contient, par suite, 4 dactyles philétériens cubes, ou, en mesures françaises, 0^{litre},041.9.

Que l'Acetabulum égyptien est égal à l'Οξύβαφον et contient 6 dactyles philétériens ou 0^{litre},062.8 ;

Que l'Hemina égyptienne est égale à la petite Κοτύλη et contient 24 dactyles philétériens ou 0^{litre},251.2 ;

Et enfin que le Sextarius égyptien est égal au Ξέστης des Ptolémées et contient 48 dactyles philétériens ou 0^{litres},502.4.

Quant aux autres mesures, elles ont été déduites des mesures ptolémaïques, en les mettant autant que possible en concordance avec les mesures romaines, et se trouvent ainsi naturellement divisées en deux groupes.

Celui qui était affecté aux liquides comprend :

1° Le Congius égyptien, égal au Χοῦς, et dont la contenance, correspondant à 6 sextarius, doit être réglée à 288 dactyles philétériens cubes ou à 3^{litres},014.5, et demeure ainsi un peu inférieure à celle du Congius romain, égal lui-même à 3^{litres},252 ;

2° L'Urna, moitié de la petite Artabe, dont il va être parlé ;

3° L'Amphora égyptienne, ou petite Artabe, dont la

contenance est donnée par un texte dont je n'ai encore cité qu'une partie, mais que je reproduis ici intégralement :

Fragmentum περὶ μέτρων inter Heronianas reliquias servatum.

5. ὁ πτολομαϊκὸς δὲ μέδιμνος ἡμιόλιός ἐστι τοῦ Ἀττικοῦ καὶ συνέστηκεν ἐξ ἀρταβῶν μὲν τῶν παλαιῶν β΄· ἦν γὰρ ἡ ἀρτάβη μοδίων δ΄ς. νῦν δὲ διὰ τὴν Ῥωμαϊκὴν χρῆσιν ἡ ἀρτάβη χρηματίζει γ΄ γ΄. (Hultsch, t. p. 258, 1. 17-20).

Le Médimne ptolémaïque vaut un Médimne et demi attique et contient deux Artabes anciennes, parce que l'Artabe était de 4 modius et demi ; mais à présent, dans le système des Romains, elle correspond à 3 modius et un tiers (1).

Et 4° Le Cadus égyptien ou grande Artabe, identique au Tama pharaonique, *dont la contenance n'a jamais varié.*

Voici donc quelles étaient, en Egypte, à l'époque de la domination romaine, les mesures cubiques affectées au jaugeage des liquides et quelles étaient, en réalité, les contenances de ces mesures comparées aux mesures romaines de même nom :

(1) Il résulte, en effet, de ce texte, non-seulement que la grande Artabe ou Μέτρητης ptolémaïque était considérée comme équivalente à 4 Modius et demi, c'est-à-dire à un Cadus romain, mais encore que les Romains avaient introduit en Egypte, pour correspondre à leur Amphora, une autre Artabe beaucoup plus petite, contenant seulement 3 modius et *un tiers.*

Le pseudonyme Fannius confirme lui-même cette assertion, quand il dit :

> *Est enim, in terris quas advena Nilus inundat,*
> *Artaba, cui superest modii pars altera post tres ;*
> *Namque decem modiis explebitur artaba triplex.*
>
> (Hultsch, t. II, p. 93, v. 88-90).

Tableau comparatif des mesures égyptiennes affectées aux liquides
et des mesures romaines correspondantes.

MESURES ÉGYPTIENNES.

NOMS LATINS de ces mesures.	RAPPORTS qu'elles présentent entre elles.				Contenances exprimées en DACTYLES pHHÉDRIENS	et en LITRES.
Sextarius..........				1	48	0,502.4
Congius..........				6	288	3,015
Urna (moitié d'une petite Artabe)......		1	4 1/2	27	1.296	13,566
Amphora (petite Artabe romaine)....	1	2	9	54	2.592	27,132
Cadus (grande Artabe ou Metrētēs égyptien)	1	1 1/3	2"1/3	12 72	3.456	36,176

MESURES ROMAINES.

NOMS de ces mesures.	RAPPORTS qu'elles présentent entre elles.				Contenances exprimées en ONCES linéaires cubes	en litres.
Sextarius.......				1	36	0,541.9
Congius.....				6	216	3,252
Urna		1	4	24	864	13,007
Amphora	1	2	8	48	1.728	26,013
Cadus	1	1 1/2	3	12 72	2.592	39,020

C'est dans la série des mesures affectées par les Romains aux matières sèches que doit être placé maintenant le Μέδιμνος, composé de 102 Ξέστης, sur lequel j'ai déjà appelé l'attention à la page 124 du chapitre précédent. Je l'ai considéré alors comme correspondant à un Cadus et un tiers, ou, ce qui est la même chose, à un double Quadrantal; et il est, en effet, très-facile de constater que ces 102 Sextarius, égaux chacun à 48 dactyles philétériens cubes, contenant par suite 102 fois 48, ou 4.896 dactyles cubes, c'est-à-dire, en mesures françaises, 51^{litres},249, correspondent, *aussi exactement que possible*, à un double Quadrantal romain, égal lui-même à 52^{litres},025.

Or comme, de son côté, un Modius romain correspond au tiers d'un Quadrantal, et comme, par conséquent, le Modius égyptien doit être lui-même égal à la sixième partie de la contenance de 51^{litres},249, qui vient d'être assignée au double Quadrantal égyptien, on voit, en même temps, que c'est précisément pour rapprocher, *autant que possible*, le Modius égyptien du Modius romain que sa contenance a dû être élevée jusqu'à 17 Sextarius (1) (6ᵉ partie de 102), au lieu de la réduire, comme dans le système métrique romain, à 16 Sextarius seulement.

Ces résultats sont rapprochés des mesures romaines elles-mêmes dans le tableau suivant :

(1) Ce Modius, contenant 17 Sextarius, est celui que S. Epiphane a attribué aux Cypriotes. (Hultsch, t. I, p. 261, l. 8-9, et t. II, p. 101, l. 1).

Tableau comparatif des mesures égyptiennes affectées aux matières sèches et des mesures romaines correspondantes.

MESURES ÉGYPTIENNES.

NOMS LATINS de ces mesures.	RAPPORTS qu'elles présentent entre elles.				Contenances exprimées en dactylieriens cubes.	Contenances exprimées en litres.
Sextarius......				1	48	0,502.6
Modius........			1	17	816	8,541
Semi-Médimne..		1	3	51	2.448	25,624
Médimna......	1	2	6	102	4.896	51,249

MESURES ROMAINES.

NOMS de ces mesures.	RAPPORTS qu'elles présentent entre elles.				Contenances exprimées en onces linéaires cubes.	Contenances exprimées en litres.
Sextarius......				1	36	0.541.8
Modius........			1	16	576	8,672
Quadrantal.....		1	3	48	1.728	26,013
Double quadrantal.	1	2	6	96	3.456	52,026

Qu'il me soit permis de faire remarquer maintenant, avant de terminer cette première partie de mes recherches, que si, comme je me plais à l'espérer, les résultats auxquels je suis parvenu suffisent pour déterminer, avec toute la précision désirable, les diverses mesures de capacité dont les anciens se sont servis en Egypte, aussi bien qu'en Grèce et en Italie, cet heureux résultat ne peut être attribué qu'à la règle constante, à laquelle je me suis

assujetti, d'exprimer, *avant tout*, chacune de ces mesures en fonction des unités linéaires au moyen desquelles elles étaient anciennement déterminées, au lieu
de chercher à les calculer, comme on l'a toujours fait
jusqu'ici, à l'aide seulement des rapports plus ou moins
rigoureux que ces mesures présentaient, soit entre elles,
soit avec les mesures correspondantes des autres pays.

Cette règle m'a permis notamment d'établir que les
égalités admises quelquefois entre deux mesures appartenant à deux systèmes métriques différents, ne sont
jamais et ne peuvent jamais être rigoureuses, parce qu'il
est facile de comprendre que, même dans le cas où l'on
veut introduire, dans un système métrique quelconque,
une nouvelle mesure empruntée à un autre système, il
est indispensable de la modifier *un peu*, pour établir *un
rapport simple* entre elle et celles auxquelles on veut la
réunir, et en même temps pour donner aux ouvriers du
pays où cette nouvelle mesure doit être introduite, les
moyens pratiques de la construire, en se servant de la
mesure linéaire qu'ils ont à leur disposition.

C'est là précisément ce qu'on a fait, non-seulement en
France, où l'on a remplacé le pied-de-roi de 324 millimètres de longueur par un nouveau pied de 333 millimètres,
et l'ancienne livre de 489 grammes,5 par une nouvelle livre de
500 grammes, quand on a voulu ajouter, d'une manière
transitoire, ces deux mesures au nouveau système métrique, mais encore en Grèce et en Egypte, quand les
Romains y ont introduit leur Sextarius et leur Amphora.

C'est là surtout ce qui m'a conduit à combattre l'opinion des métrologues qui considèrent la contenance
d'un Cyathe comme toujours identique, non-seulement
chez les Romains et chez les Grecs, mais encore chez les
Egyptiens eux-mêmes, et à remplacer, au contraire,
cette identité, *qui ne peut pas être vraie*, par les trois
égalités suivantes qui sont mathématiquement exactes :

Un Cyathus romain = 3 onces linéaires cubes,

Un Κύαθος grec   = 6 dactyles grecs cubes,

Un Κύαθος égyptien   = 4 dactyles philétériens cubes.

Je reconnais volontiers que 3 onces linéaires cubes, dont la contenance totale a pu varier de $44^{\text{cent. cub.}},25$, à $45^{\text{cent. cub.}},15$ comparées successivement à 6 dactyles grecs cubes, dont la contenance exacte est de $42^{\text{cent. cub.}},10$, et à 4 dactyles philétériens, qui sont rigoureusement égaux à $41^{\text{cent. cub.}},9$, ont pu être considérés, sans erreur sensible, par les anciens, comme pesant exactement 10 drachmes, dans un cas aussi bien que dans l'autre, et par les métrologues modernes comme des quantités très-approximativement égales. Mais il est incontestable, malgré cela, que, lorsqu'on ne craint pas d'aller jusqu'à considérer cette égalité comme mathématique, on commet une légère erreur qui augmente nécessairement dans les multiples de ces trois mesures et qui peut conduire, par conséquent, de proche en proche, jusqu'à des erreurs sensibles. Au contraire, comment ne pas voir que le seul fait d'exprimer les contenances des mesures de capacité dont on cherche la valeur exacte, en fonction seulement des unités linéaires qui servaient à les constituer dans l'antiquité, suffit pour rendre évidentes, et par suite pour éviter, dans presque tous les cas, les diverses erreurs que l'on peut commettre ?

J'ose donc croire que la vérité de ces considérations frappera maintenant tout le monde, et conduira enfin les métrologues à admettre, dans leur pratique, la théorie que je viens d'exposer et que je soumets avec confiance à leur approbation.

NOTES

Note 1re. — Justification des noms donnés aux mesures de capacité grecques et romaines.

Je me suis conformé à l'usage en conservant aux mesures pondérales les noms français de talent, de mine, de sicle, de drachme, de livre et d'once, et aux mesures linéaires, les noms de coudée, de pied, de spithame et de palme; mais je me suis permis de substituer les noms d'once et de dactyle à ceux de pouce et de doigt, que l'on préfère ordinairement. Ce système présente, il est vrai, l'inconvénient d'obliger à distinguer, comme on le faisait à Rome, l'once pondérale de l'once linéaire, mais il rapproche davantage les noms nouveaux des noms anciens, et je l'ai préféré par ce motif.

J'ai adopté ensuite une autre règle pour les mesures de capacité, parce qu'il ne m'a pas semblé rationnel d'imposer aux mesures romaines, tantôt une terminaison française, comme on le fait, par exemple, pour le *Cyathe* ou pour le *Conge*, et tantôt une terminaison latine, comme dans le cas du *Modius* ou du *Culeus*, et parce qu'il m'a paru plus convenable de laisser, dans tous les cas, aux noms des mesures cubiques romaines, leurs terminaisons latines.

J'ai même fait plus encore pour les mesures grecques, dont je n'ai pas seulement conservé les noms, mais que j'ai toujours pris soin d'écrire en lettres grecques, en évitant ainsi de traduire, comme on l'a fait autrefois, Χοῦς par Conge, Ἑκτεύς par Modius, etc., parce qu'il existe, comme je le démontrerai, une différence très-appréciable entre un Χοῦς et un Conge, entre un Ἑκτεύς et un Modius, etc.

En résumé, j'ai toujours conservé, dans mon Mémoire, aux mesures de capacité, leurs noms grecs et leurs noms latins, sans leur faire subir aucune modification.

Ce système conduit à examiner si les noms, ainsi introduits dans un texte français, doivent être déclinés, et s'il faut écrire par exemple deux *sextarius* ou deux *sextarii*, deux ὀξύβαφον ou deux ὀξύβαφα. J'ai préféré la première de ces deux formes, parce qu'il m'a paru incontestable que les noms que l'on introduit ainsi dans une phrase française deviennent aussitôt français, et sont, par suite, indéclinables, comme tous les autres noms français. Tout au plus pourrait-on prétendre qu'ils doivent prendre alors un *s* au pluriel, et qu'il y a lieu d'écrire, par exemple, des *Acetabulums* ou des *Amphoras*. Mais cette dernière opinion m'a semblé inexacte; et, par cette raison que l'on ne dit pas, en français, des *quâtuors* ou des *post-scriptums*, je ne dirai moi-même ni des Amphoras, ni des Acetabulums.

En définitive, quoique la théorie contraire soit admise dans la *Revue des Sociétés savantes*, où les mots Acetabula et Ὀξύβαφα se rencontrent, notamment aux pages 178 et 179 du 1ᵉʳ volume de 1874, je n'en considérerai pas moins comme indéclinables tous les noms grecs et latins que j'introduirai dans mon Mémoire.

Note II. — Sur la division du Sextarius en 12 uncia.

La réalité de la division du Sextarius en 12 parties égales, auxquelles on donnait le nom d'*Uncia*, peut être facilement prouvée par des textes incontestables.

Voici, en effet, en quels termes Martial s'exprime dans ses épigrammes :

> Interponis aquam subinde, Rufe ;
> Et si cogeres a sodale, raram
> Diluti bibis *unciam* Falerni. (Lib. 1. Ep. 107.)
> Crebros ergo bibas licet *trientes*. (Lib. 1. Ep. 107).
> *Septunce* multo deinde perditus stertit. (Lib. III. Ep. 82).
> *Sextantes*, Caliste, duos infunde Falerni. (Lib. V. Ep. 64).
> Addere quid cessas, puer, immortale Falernum ? .
> *Quadrantem* duplica, de seniore cado. (Lib. IX. Ep. 94).
> Poto ego *sextantes*, tu potas, Cinna, *deunces*,
> Et quereris quid non, Cinna, bibamus idem. (Lib. XII. Ep. 28).

On comprend aisément qu'il s'agit constamment, dans ces

textes, d'une seule et même mesure principale, divisée à ce titre en 12 *Uncia*, et dont Martial n'a pas pris la peine d'indiquer le nom, parce que tout le monde le connaissait parfaitement à Rome, malgré l'absence de cette indication. Mais quelle était en réalité cette mesure innommée? Martial lui-même nous l'apprend, dans la 36e épigramme de son IXe livre, où il dit :

> *Quincunces* et *Sex* CYATHOS, *Bessemque* bibamus,
> Caïus ut fiat, Julius et Proculus.

Car il est incontestable, dans ce cas, que s'il faut boire six *Cyathus* en l'honneur de Julius, dont le nom est composé de six lettres, après avoir bu cinq *Uncia*, en l'honneur de Caïus, à cause des cinq lettres que son nom renferme, et huit *Uncia*, en l'honneur de Proculus, dont le nom contient huit lettres, c'est précisément parce que le *Cyathus* et l'*Uncia* dont il est ici question ont identiquement la même contenance et ne sont à proprement parler qu'une seule et même mesure ; ce qui revient à assigner, sans hésitation, 12 Cyathus à la mesure principale cherchée, et permet de dire, en d'autres termes, que cette mesure est nécessairement un Sextarius.

La même conséquence peut encore être déduite du passage suivant, contenu dans la 51e épigramme du viiie livre de Martial :

> Det numerum *Cyathis* Instantis (1) littera Rufi,
> Auctor enim tanti muneris ille mihi.
> Si Telethusa venit, promissaque gaudia portat,
> Servabor dominæ, Rufe, *triente* tuo.
> Si dubia est, *septunce*, trahar ; si fallit amantem ,
> Ut jugulem curas, nomen utrumque bibam.

Ce passage se trouve traduit de la manière suivante dans une collection estimée (collection Panckouke) :

(1) Le texte imprimé porte *Instanti*, au lieu d'*Instantis*, mais c'est là une erreur manifeste ; car Rufus s'appelait, de toute nécessité, *Instans* et non Instantius, par cette raison qu'on doit trouver sept lettres, *au vocatif*, dans son nom, comme on doit, d'un autre côté, n'en trouver que quatre, toujours au vocatif, dans le nom lui-même de Rufus. C'est ainsi qu'avec un peu d'attention, il est souvent facile de corriger, d'une manière sûre, un texte mal copié.

« Que les lettres du nom d'*Instantius* (1) Rufus déterminent
» le nombre de *rasades* (Cyathis) ; car c'est de lui que j'ai
» reçu ce précieux cadeau. Si Téléthusa vient et qu'elle m'ap-
» porte le plaisir qu'elle m'a promis, je me réserverai pour
» ma maîtresse, Rufus, en m'arrêtant *au tiers* (triente) ; si
» elle me laisse dans l'incertitude, j'irai jusqu'à *la moitié*
» (septunce) ; si elle me manque de parole, j'épuiserai totale-
» ment les deux noms ».

Mais cette traduction contient trois erreurs notables, aux
endroits soulignés, indépendamment de celle que je viens de
signaler dans les notes précédentes.

Il semble, en effet, impossible de traduire *Cyathis* par
rasades, parce que ce nom de Cyathus correspond certainement à une unité de même ordre que celles qui sont mention-
nées, dans le même passage, sous les noms de *Triente* et de
Septunce, c'est-à-dire de 4 et de 7 Uncia.

Comment ne pas voir, en second lieu, que c'est précisément
parce que le poète veut faire allusion aux quatre lettres du
nom de Rufus (au vocatif *Rufe*) qu'il ne veut boire, en com-
mençant que 4 *Uncia* de vin, si sa maîtresse doit réellement
venir ?

Je concède sans difficulté que cette quantité de 4 *Uncia* est
aussi égale *au tiers* d'un Sextarius ; mais ce n'est pas sous
cette forme que le poète a voulu exprimer sa pensée, qu'il serait impossible de comprendre dans ce cas.

En troisième lieu, et pour ce qui concerne le mot *Septunce*,
peut-on le traduire, je le demande, par *la moitié* ?

En fait, le poète, après avoir dit à Instans Rufus qu'il veut
boire en son honneur autant de Cyathus qu'il y a de lettres
dans ses noms, se hâte d'ajouter : d'abord que, si sa maîtresse
doit venir, il se réservera pour elle et se contentera de boire
quatre Uncia, ou en d'autres termes quatre Cyathus, correspondant aux quatre lettres du nom de Rufus (au vocatif :
Rufe) ; ensuite que, si elle tarde trop à venir, il ira jusqu'à

---

(1) Le traducteur aurait dû écrire, comme je viens de l'indiquer dans
la note précédente, *Instans* au lieu de *Instantius*, parce que ce nom ne
doit contenir, je le répète, que sept lettres.

en boire sept, faisant allusion, dans ce cas, aux sept lettres du nom d'Instans, et déclare enfin, en terminant, que, si sa maîtresse ne vient pas, il oubliera son chagrin en buvant la totalité (4+7) pour fêter à la fois les deux noms de son ami.

Il résulte de la longue discussion qu'on vient de lire qu'on se servait à Rome d'un Sextarius divisé en 12 *Uncia* pour vendre le vin *à la mesure*. L'Uncia ainsi formée était d'ailleurs désignée sous le nom particulier d'*Uncia mensuralis*, pour la distinguer de l'once proprement dite, 12e partie de la livre, que l'on appelait *Uncia libralis*; et comme une Amphora pleine de vin pesait 80 livres, et que par suite un Sextarius plein de vin pesait 20 onces, on voit que l'Uncia du Sextarius, quand elle était pleine de vin, équivalait *en poids* à une once pondérale et deux tiers.

Il est pourtant indispensable de faire remarquer ici, afin de ne rien omettre, que le Sextarius divisé en 12 Uncia ne servait pas indifféremment à la mesure de tous les liquides, et que l'huile notamment, qui a toujours été beaucoup plus chère que le vin, était habituellement vendue à Rome en prenant pour unité principale l'Hemina, qui était, elle aussi, divisée, dans ce cas particulier, en 12 Uncia désignées alors sous le nom d'*Uncia d'huile*, pour les distinguer des *Uncia de vin*, dont la contenance était exactement double. Douze Uncia d'huile, ou, ce qui est la même chose, une Hemina, étaient alors habituellement désignées tantôt sous le nom de *libra mensuralis*, par analogie avec la *libra ponderalis* ou livre ordinaire, composée, elle aussi, de 12 onces, et tantôt plus simplement, sous le nom de *livre d'huile*.

Le nom d'Uncia, ainsi donné à des mesures si différentes les unes des autres, a suffi pour tromper quelques métrologues, par cette raison surtout que les auteurs anciens assignent à la livre d'huile, c'est-à-dire à l'Hemina, tantôt 9 onces seulement, tantôt 10 onces et tantôt 12 onces. Mais Galien, dans son Traité sur la composition des médicaments, et Oribase dans ses œuvres, ont heureusement donné sur ce point les explications les plus complètes; et, comme M. Vazquez Queipo a réuni, dans les notes de son 2e volume, aux pages 377 et suivantes, tous les textes de Galien qui se rapportent à la livre d'huile, je ne les reproduirai pas ici ; mais voici, pour ce qui concerne Oribase, un passage que M. Hultsch n'a pas donné dans ses *Reliquiæ*, qu'on trouve cependant dans le cinquième volume de la grande édition de MM. Bussemaker et Ch. Daremberg, à la page 85, § 59, et qui suffit pour enlever tous les doutes, car il porte : ὁ ξέστης Ἰταλικὸς μέτρῳ μὲν οὐγγίας ἔχει κδ΄.

Le ξέστης Ἰταλικός, dont il est question dans ce passage, est incontestablement le Sextarius ; et, puisqu'il contient, *à la mesure* (μέτρῳ), 24 onces, il est clair que cette 24ᵉ partie du Sextarius ne peut être qu'une *Uncia mensuralis d'huile*, effectivement contenue 12 fois dans l'Hémina ou livre d'huile, par cela seul qu'elle est contenue 24 fois dans le Sextarius. On sait, au contraire, quand il s'agit d'évaluations faites *au poids:*

D'une part, que le Sextarius plein de vin pèse 20 onces, et que par conséquent l'Hémina ou livre d'huile doit en peser 10, *dans les mêmes conditions ;*

Et d'autre part, que le poids de l'huile, comparé à celui du vin, a toujours été considéré par les anciens comme étant dans le rapport exact de 9 à 10 (Hultsch, t. I, pages 223, 239, 241 et 247), et que, par conséquent, une Hemina pleine d'huile ne pesait réellement que 9 onces.

Il est donc bien certain que l'Uncia mensuralis était contenue 12 fois dans la livre d'huile, et que, néanmoins, cette mesure de capacité ne pesait que 10 onces, quand elle était pleine de vin, et 9 onces seulement, quand elle était pleine d'huile.

Note III. — Sur l'ordre suivi quand on a déduit les mesures romaines de capacité d'une mesure primordiale.

Malgré ce qui a été dit, à propos du Sextarius, dans le texte de ce mémoire, on se tromperait si l'on voulait croire que cette mesure a eu, dès le principe, toute l'importance qui lui a été finalement attribuée, quand le système complet des mesures romaines de capacité a été réglé d'une manière officielle. La vérité est, au contraire, que cette importance ne peut lui avoir été reconnue qu'à la longue ; et il est d'autant plus indispensable d'admettre cette manière de voir que le nom seul du Sextarius suffit pour montrer qu'il y a lieu de considérer cette mesure comme originairement dérivée du Congius, dont elle est, en effet, la sixième partie.

Il ne serait pas non plus conforme à la nature des choses de s'imaginer que le système des mesures romaines de capacité a pu être, dès l'origine, aussi complet que celui que j'ai fait connaître, car les institutions publiques, quelles qu'elles soient, ne se complètent, en général, qu'avec le temps.

La plus ancienne des mesures romaines de capacité, et peut-être la seule en usage dans le principe, était certainement le pied cube ou quadrantal, d'où l'on a déduit successivement le demi-quadrantal ou Urna, et le tiers de quadrantal ou Modius, en divisant le côté vertical du quadrantal, d'abord en deux parties de 6 onces pour former l'Urna, et ensuite en trois parties de 4 onces pour former le Modius ; après quoi la première de ces deux mesures a été spécialement affectée aux liquides et la seconde aux matières sèches.

Mais des subdivisions sont toujours nécessaires dans la pratique, et c'est ainsi, sans aucun doute, qu'on a été bientôt conduit à employer, d'une part, la moitié et le quart de l'Urna et de l'autre, la moitié et le quart du Modius, quoique deux seulement de ces quatre nouvelles mesures soient restées dans l'usage, ces deux mesures étant, comme on l'a vu, pour les liquides, le quart de l'Urna ou Congius, parce qu'il correspond exactement à un *cube* de 6 onces de côté, et pour les matières sèches, le demi-Modius ou Semodius.

A l'égard des autres mesures telles que le sextarius et ses subdivisions ou telles que le Cadus, il semble permis de considérer comme évident qu'elles n'ont été ajoutées que plus tard, lorsque le besoin a commencé à s'en faire sentir. Et parmi elles, celle qui a pris le plus d'importance, dès son introduction dans le système, est bien certainement, comme je l'ai fait remarquer, le Sextarius, parce qu'il s'est trouvé convenir à la fois à la série affectée aux liquides, dans laquelle il résulte de la division du Congius en six parties égales, et à celle des matières sèches, où il est égal à la 8e partie du Semodius ; et ce double motif est nécessairement un de ceux qui ont décidé à le subdiviser ensuite en 12 Uncia, comme toutes les principales mesures romaines.

10

Note IV. — Sur le Culeus.

Le Culeus a été ajouté aussi, par quelques auteurs, à la série des mesures romaines de capacité, et sa contenance a été considérée, dans ce cas, comme exactement égale à celle de 20 Amphora.

Mais comme, en introduisant ainsi le facteur 5 dans l'expression de la contenance d'une mesure attribuée à un système métrique essentiellement duodécimal, on se trouve conduit à en altérer, d'une manière évidente, le principal caractère, l'erreur que l'on commet alors devient, par cela seul, manifeste.

En réalité, et à proprement parler, le Culeus n'était pas une mesure. C'était un sac fait en peau de porc dans lequel on transportait, sur un char, de grandes quantités d'huile ou de vin. On disait un Culeus, comme nous disons aujourd'hui un Tonneau ; et quoique la capacité de ce récipient fût en effet regardée comme contenant *approximativement* vingt Amphora, c'est-à-dire plus de 500 litres, elle n'était cependant pas habituellement réglée de manière à correspondre *exactement* à cette mesure.

Il est, en conséquence, parfaitement certain que l'huile ou le vin n'ont jamais été mesurés, à Rome, en se servant d'un Culeus.

Note V. — Sur le Μάρις.

Pollux a dit : Μάρις δὲ ἑξακότυλον (Hultsch (1) t. 1, pag. 206, lig. 8), et il résulte de là que le Μάρις contenait réellement, comme je l'ai admis, 6 Κοτύλη seulement. Par conséquent, M. Vazquez Queipo s'est trompé dans son *Essai*, lorsqu'il a considéré, à la page 443 de son 2° volume, le Μάρις comme composé de 8 Κοτύλη et comme contenu, par suite, 18 fois dans le Μετρητής, au lieu de 24 fois. On remarque, en effet, que la

(1) *Metrologicorum scriptorum reliquiae.* Collegit, recensuit partim nunc primum edidit Fridericus Hultsch. Lipsiae, MDCCCLXIV, MDCCCLXVI,

même mesure porte quelquefois, sur les anciens textes, le nom d'Ἡμιδωδέκατον, parce que, se trouvant égale à la moitié d'un Χοῦς, elle était en même temps, égale à la 24e partie du Μετρητής, comme on le voit sur un texte d'Hésychius, où l'on trouve :

Ἡμιδωδέκατον, τὸ Ἡμίχουν. (Hultsch, t. I, page 318, lig. 10).

Il y avait donc, dans la série grecque, deux mesures de capacité portant, toutes les deux, le nom d'Ἡμιδωδέκατον, malgré la différence de leurs contenances. Mais comme elles étaient affectées, l'une aux liquides, l'autre aux matières sèches, aucune confusion ne pouvait résulter de cette similitude de nom ; et lorsqu'on parlait, à Athènes, d'un Ἡμιδωδέκατον de vin ou d'un Ἡμιδωδέκατον de blé, tout le monde comprenait à merveille qu'il était question, dans le premier cas, d'un Ἡμιδωδέκατον de Μετρητής ou d'un Μάρις, et dans le second, d'un Ἡμιδωδέκατον de Μέδιμνος ou de deux Χοῖνιξ.

Note VI. — Sur la demi-coudée.

L'unité métrique principale, que les Assyriens représentaient par l'idéogramme U, et qui leur servait de point de départ pour former ensuite toutes les autres mesures, a été pendant longtemps confondue avec la coudée elle-même, par l'effet d'une erreur commise et propagée par M. le docteur Hincks et par sir Henri Rawlinson ; mais la réalité de la distinction qu'il convient d'établir entre ces deux unités (l'U et la coudée) ne peut plus être contestée, depuis les derniers travaux de M. Oppert, et surtout depuis que la traduction de la tablette de Senkereh a mis à la portée de tout le monde ce texte important, qui suffit, à lui seul, pour enlever tous les doutes. Il est donc parfaitement certain aujourd'hui que l'U assyrien correspond exactement à la demi-coudée.

Les idéogrammes qui représentent cette mesure, tant en babylonien moderne qu'en ninivite moderne, et leur forme la plus ancienne incontestablement dérivée, comme M. Oppert l'a fait remarquer (*Expédition en Mésopotamie*, page 59), d'une figure hiéroglyphique qui représente une terre arpentée, démontrent clairement qu'elle servait dans l'origine à la

formation des mesures de superficie. Mais elle a servi aussi
à la formation des mesures de capacité, ainsi que M. Oppert
l'a constaté dans les comptes-rendus de la Société française
de numismatique et d'archéologie (tome V, année 1874,
page 327), où il s'est exprimé de la manière suivante :
« L'unité des mesures de capacité assyriennes est le cube de
» la demi-coudée..... Cette vérité a été méconnue jusqu'ici ;
» mais elle se rattache à des traditions ayant également
» cours chez les Juifs. Les rabbins nous disent que la valeur
» correspondante dans les textes bibliques, appelée *bath*
» pour les liquides et *epha* pour les solides, n'était que le cube
» du *gomed* ou de la demi-coudée ».

D'un autre côté, je démontrerai, dans la seconde partie
de ce mémoire, que la *demi-coudée* est aussi l'unité métrique
qui a servi à former toutes les mesures cubiques égyptiennes,
tant dans le système des Pharaons que dans celui des Ptolémées, et il semble alors nécessaire de conclure de ce que le
cube de la demi-coudée constituait l'unité métrique principale, non-seulement chez les Egyptiens aux temps des Pharaons et des Ptolémées, mais encore chez les Assyriens et
les Hébreux, qu'il n'y a rien de plus naturel que d'admettre,
comme je l'ai fait, que le même rôle a été assigné à la même
mesure, lorsque les Grecs ont organisé, à leur tour, leur ancien système métrique.

Note VII. — Sur les formes géométriques qu'il convient d'assigner aux Etalons-types de l'Ἀμφορεύς, du Μετρητής et du Μέδιμνος.

En cherchant à déterminer les formes géométriques de
l'Ἀμφορεύς, du Μετρητής et du Μέδιμνος, la suite naturelle de mon
argumentation m'a conduit à assimiler ces mesures à des
prismes droits à base carrée ayant, dans le premier cas, une
spithame de côté sur une coudée de hauteur, dans le second,
une spithame et demie sur un pied, et dans le troisième, une
coudée sur une spithame ; et il est incontestable que les résultats ainsi obtenus sont parfaitement réguliers et peuvent être
considérés comme très-exacts.

Il est cependant facile de comprendre qu'on peut opérer de plusieurs autres manières, sans altérer le résultat final.

Si, par exemple, en conservant les trois dimensions assignées au μετρητής, on le renverse sur une.de ses faces verticales, de manière à le faire reposer sur une base rectangulaire d'une spithame et demie sur un pied, en lui donnant, de cette façon, une spithame et demie de hauteur, il est évident que le μετρητής ainsi formé peut être fabriqué d'une manière très-simple, en réunissant quatre planches *égales et carrées* d'une spithame et demie de côté *sur un dactyle d'épaisseur*, et en les posant sur un plan horizontal, de la manière indiquée par la figure ci-jointe.

Et comme le μετρητής devient égal au μέδιμνος, quand on l'augmente d'un tiers, et à l'ἀμφορεύς, quand on le diminue d'un tiers, c'est-à-dire, dans le cas actuel, quand on augmente ou diminue sa hauteur

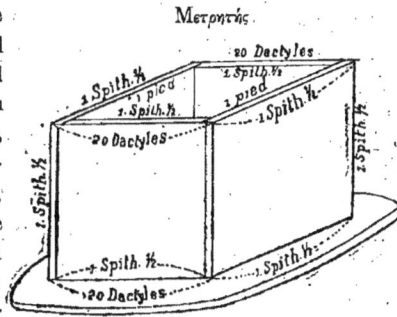

Μετρητής.

d'une demi-spithame, il n'est pas moins évident que ces deux dernières mesures peuvent être reproduites, aussi bien que la précédente, en assemblant *quatre planches égales, d'un dactyle d'épaisseur et d'une spithame et demie de longueur à la base*, à la condition de donner à ces planches une coudée de hauteur pour obtenir le μέδιμνος, et une spithame seulement pour l'ἀμφορεύς, comme on le voit sur la figure suivante.

Ce système est certainement. le plus simple. de tous ceux qu'on peut imaginer, et il est par suite, extrêmement probable que c'était celui que les ouvriers devaient presque toujours préférer autrefois.

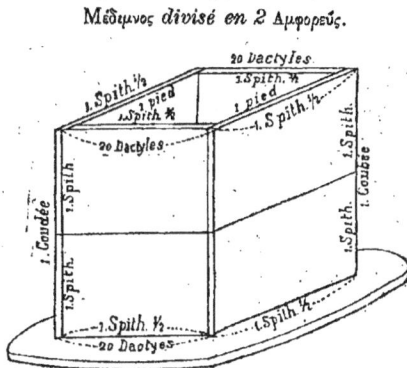

Μέδιμνος *divisé en 2* Ἀμφορεύς.

Note VIII. — Sur quelques pieds antiques plus courts que le pied Romain.

L'abbé Barthélemy et le P. Jacquier ont mesuré, en 1756, pendant leur voyage en Italie, plusieurs pieds romains anti-ques connus depuis longtemps, et qui sont loin d'être égaux à ceux dont il est fait mention dans ce mémoire. Le moin-dre n'a, d'après leur mesure, que $128^{lignes},8$ ou $0^m,290.6$, quand, au contraire, la longueur du plus grand est égale à $130^{lignes},75$ ou $0^m,294.95$ (*Voyage en Italie de M. l'abbé Bar-thélemy*, an X-1802, p. 384 et suivantes).

Il en est à peu près de même pour plusieurs autres pieds romains antiques d'une authenticité incontestable, et notam-ment pour celui qui a été découvert, en 1834, près de Cau-debec et auquel M. Jomard a assigné, dans son rapport à l'Académie des Inscriptions (1), une longueur de $0^m,292.5$.

Il est impossible de considérer ces pieds, lorsque leur longueur est inférieure à $0^m,294$, comme des pieds romains régulièrement construits d'après un étalon légal, et il est à peu près certain qu'ils ont été originairement raccourcis par erreur, peut-être même dans une intention frauduleuse ; on peut admettre aussi, dans certains cas, qu'ils ont été altérés par un trop long usage ; mais on ne doit évidemment en tenir aucun compte, quand on cherche à connaître et à rétablir la véritable longueur *théorique* du pied romain antique.

Note IX. — Sur l'importance extraordinaire que les anciens attribuaient au choix des nombres.

Les anciens attribuaient aux nombres une vertu mystique dont il nous est difficile d'apprécier aujourd'hui toute l'impor-tance ; et leurs préjugés sur ce point étaient si grands, que je ne crois pas exagérer en disant que la science des nom-

---

(1) *Mémoires de l'Académie des Inscriptions*, XIIe vol. Paris, 1839, Histoire, p, 82.

bres était considérée par eux comme susceptible de servir
de base à la plupart de leurs connaissances.

Dans son dialogue intitulé *Epinomis*, Platon, dont j'emprunte le texte à la traduction de Cousin, voulant trouver,
dit-il, « une science qui mérite véritablement le nom de
» Sagesse, une science enfin qui tire de la classe des arti-
» sans et des gens du commun quiconque l'a acquise, et en
» fasse un homme sage et vertueux, un citoyen juste et
» réglé dans toute sa conduite, soit qu'il commande, soit
» qu'il obéisse », se demande, avant tout, « quelle est, de
» toutes les sciences, celle qui, si elle venait à manquer à
» l'homme, ou s'il ne l'avait jamais connue, en ferait le plus
» stupide et le plus insensé des animaux ».

« Elle n'est pas difficile à trouver, ajoute-t-il ; car, si on
» les compare une à une, aucune ne produirait plus sûrement
» cet effet que celle qui donne au genre humain la connais-
» sance *du nombre*, et je crois qu'un Dieu plutôt que le
» hasard nous a fait don de cette science pour notre conser-
» vation ».

Et après ces réflexions, il conclut en disant :

« Il est donc de toute nécessité que le NOMBRE *serve de
» fondement à tout le reste* ».

Les mêmes idées se retrouvent partout dans l'antiquité,
quelle que soit l'époque à laquelle on remonte, et la Bible elle-
même en fournit une preuve convaincante, quand, en s'adres-
sant au Créateur, elle lui dit, pour donner une juste mesure
de la perfection de ses œuvres :

Omnia in NUMERO et pondere et mensura disposuisti
(Sap. XI. 21).

Je crois aussi avoir justifié l'exactitude de ces assertions
quand j'ai prouvé, dans mon *Étude des dimensions du
Tombeau de Josué* (*Revue Archéologique*, nouvelle série,
VIIᵉ année, XIVᵉ volume, pag. 352), que toutes les théories
sur le choix et la valeur des nombres enseignées plus tard
aux Grecs par Pythagore et par ses disciples, étaient connues
et pratiquées chez les Hébreux, immédiatement après leur
retour d'Egypte, c'est-à-dire dix siècles au moins avant
Pythagore.

Les Romains ont emprunté, eux aussi, toutes ces croyances aux autres peuples.

Virgile a dit, dans sa VIII⁰ Eglogue :

Terna tibi hoc primum *triplici* diversa colore
Licia circumdo, *terque* hæc altaria circum
Effigiem duco ; NVMERO *Deus* IMPARE *gaudet.*

Et Végèce s'exprimant, après lui, à un point de vue essentiellement pratique, a ajouté : *Imparem NVMERVM observari moris est (De re militari. Lib. III, Cap. VIII).*

Cette foi des Romains en la puissance des nombres a été particulièrement remarquée par Mommsen, qui a dit, dans son *Histoire romaine*, après avoir fait connaître la curieuse ordonnance du calendrier romain :

« Elle eut sans doute pour raison *la foi en la puissance*
» *salutaire des nombres impairs.* On voit clairement qu'elle
» subit l'influence décisive des doctrines de Pythagore, toutes-
» puissantes alors en Italie et tout imprégnées, comme on
» sait, du mysticisme des nombres (Tom. I de la traduction
française, pag. 284).

» Par les mêmes causes, ajoute-t-il dans un autre volume,
» toutes les fêtes tombent aux jours *impairs*, et cette foi des
» Romains dans *la puissance des nombres impairs* alla
» si loin que, quand une fête durait plusieurs jours, elle chô-
» mait pendant les jours *pairs* intermédiaires » (Tom. IV.
Additions et variantes, pag. 24).

Et si cette foi des anciens dans la puissance des nombres fut réellement aussi grande que Mommsen le déclare, si l'importance de cette théorie mystique n'était pas seulement enseignée dans les écoles des philosophes, mais se retrouvait aussi dans tous les détails de la vie civile et religieuse, comment pourrait-on se refuser à croire que les architectes eux-mêmes agissaient, à leur tour, sous l'empire des mêmes croyances, ou, si on l'aime mieux, des mêmes préjugés?

Il va sans dire que cette prédilection des anciens pour les nombres impairs ne pouvait pas les empêcher d'assigner des dimensions paires à quelques-unes des parties de leurs édifices. Mais une circonstance, très-caractéristique en elle-même, peut être observée dans un grand nombre de cas ; car il arrive très-souvent, quand une dimension paire résulte forcément de la réunion de deux dimensions impaires, que cette dimension paire correspond alors à un nombre *carré*, c'est-à-dire précisément à un de ceux auxquels les anciens philosophes accordaient, s'il est possible, encore plus de valeur qu'aux nombres impairs eux-mêmes : *Nam Quadrati numeri potentissimi ducuntur*, comme Censorin l'enseigne dans son traité (*De die Natali*, édition de La Haye, 1642. — Chap. XIX, pag. 63).

Cette opinion sur l'excellence des nombres carrés a été autrefois si générale, les théories sur lesquelles elle repose ont si longtemps régi le monde, et même, on peut le dire, le monde savant, que nous conservons encore aujourd'hui, dans la langue mathématique, le nom de *puissances* aux divers produits que l'on obtient successivement en multipliant un nombre par lui-même, et que nous disons, par exemple, la deuxième ou la troisième *puissance* d'un nombre, aussi souvent que le carré ou le cube de ce nombre.

A un autre point de vue, on sait qu'un nombre carré quelconque est toujours égal à la somme des termes d'une série complète de nombres impairs, puisque, en effet :

$$1 + 3 = 4, \text{ carré de 2,}$$
$$1 + 3 + 5 = 9, \text{ carré de 3,}$$
$$1 + 3 + 5 + 7 = 16, \text{ carré de 4,}$$
$$1 + 3 + 5 + 7 + 9 = 25, \text{ carré de 5,}$$

et ainsi de suite indéfiniment.

Or, comme il est certain que les anciens connaissaient cette remarquable propriété des nombres carrés, il semble bien permis de croire qu'ils ont pu se laisser influencer par elle, quand ils ont attribué à ces nombres encore plus d'importance qu'aux nombres impairs eux-mêmes. Cette importance se trouvait encore augmentée à leurs yeux, quand le nombre qu'ils considéraient n'était pas seulement un carré, mais se trouvait, en outre, égal au produit de deux carrés.

Ils plaçaient notamment dans cette catégorie :

1° le nombre 16, que les Grecs avaient choisi pour régler la division du pied en dactyles, parce que, en effet,

$$16 = 4^2 = 2^2 \times 2^2 ;$$

2° le nombre 36, parce qu'on peut écrire

$$36 = 6^2 = 2^2 \times 3^2 ;$$

3° le nombre 100, parce qu'on peut écrire aussi

$$100 = 10^2 = 2^2 \times 5^2,$$

et il sera peut être permis d'aller jusqu'à croire que, si le Sextarius et la Κοτύλη, dont les contenances sont si différentes, ont, malgré cela, la même importance dans les deux systèmes métriques auxquels ils appartiennent, s'ils y occupent identiquement le même rang, en figurant à la fois et au même titre dans chacun des trois groupes que les mesures cubiques forment, c'est précisément parce que leurs contenances, quelque différentes qu'elles puissent être entre elles, sont néanmoins exprimées toutes les deux par le nombre carré 36.

Le choix du nombre 100 pour correspondre à la longueur de la façade du Parthénon, et le rapport de 100 à 225 que Stuart a cru découvrir entre les dimensions de la troisième marche peuvent aussi être attribuées aux mêmes idées systématiques ; car, bien que ce rapport de 100 à 225 n'existe pas mathématiquement entre les dimensions réelles de cette marche, égales à 100 pieds plus 11 dactyles et à 226 pieds plus 11 dactyles, il existe au moins, d'une manière très-approximative, entre ces dimensions, puisqu'il suffit d'ajouter 1 dactyle à la première de ces longueurs pour la mettre très-exactement avec la seconde dans ce rapport de 100 à 225.

Toutefois ce n'est pas sous cette forme compliquée de 100 à 225 que le rapport dont il s'agit devait être exprimé autrefois par les architectes du Parthénon, et l'on peut regarder, au contraire, comme certain qu'ils le réduisaient à sa forme la plus simple, en lui substituant le rapport de 4 à 9, ou, mieux encore, qu'ils le remplaçaient par celui de 36 à 81. Car il y a lieu de compter, sur les façades des temples octostyles comme le Parthénon :

1° Sur les façades principales, 15 triglyphes et 14 métopes,

Et 2° Sur les façades latérales, 33 triglyphes et 32 métopes ; ce qui fait qu'en prenant pour module la largeur d'un triglyphe et en assignant aux métopes un triglyphe et demi, conformément à la règle ordinaire, on trouve exactement 36 modules sur les façades principales et 81 modules sur les façades latérales.

Mais alors, on le voit, soit que l'on admette, sans le modifier, ce rapport de 36 à 81, soit qu'on aime mieux le réduire à l'expression plus simple de 4 à 9, ce rapport n'en demeure pas moins exprimé, dans un cas comme dans l'autre, par des nombres carrés, et même, dans le premier cas, par des nombres résultant du produit de deux nombres carrés, puisque, en effet, $36 = 2^2 \times 3^3$ et $81 = 3^2 \times 3^2$.

Ces explications, quoique un peu trop longues peut-être, ouvrent un champ nouveau aux recherches architectoniques des archéologues, et j'ai compté sur leur importance pour en faire excuser la longueur.

Note X. — Sur le poids du Ξέστης.

Il est incontestable qu'une Amphora romaine pleine de vin pesait 80 livres, puisque le plébiscite conservé par Festus le déclare en termes formels. Par conséquent, il est également incontestable qu'un Sextarius, 48ᵉ partie de l'Amphora, pesait 20 onces, quand il était, lui aussi, plein de vin ; mais lorsqu'on substituait l'huile au vin, l'Amphora, que les Grecs nommaient Κεράμιον Ἰταλικόν, probablement pour ne pas confondre cette mesure avec leur ἀμφορεύς, était considérée comme pesant seulement 72 livres ; et c'est là, en effet, ce qu'indiquent les tableaux dont Galien et Oribase nous ont conservé le texte, et qui ont été reproduits dans le premier volume de la publication de M. Hultsch, aux pages 223, 239, 241 et 247. (Voyez aussi la page 250, lig. 9 et 25).

Galien confirme d'ailleurs cette évaluation, lorsqu'il dit au IVᵉ chapitre de son traité sur les mesures et les poids :

12. Ὁ δὲ οἶνος τοῦ ἐλαίου ἐννάτῳ μέρει ὑπερέχει. ὅλον γὰρ αὐτὸ ἔχει καὶ τὸ ἔννατον αὐτοῦ.

Le poids du vin excède celui de l'huile d'un neuvième, car il contient la totalité et le neuvième de ce poids.

(Hultsch, tome I, page 233, lig. 15 et 16).

Et il résulte de ces textes que le Sextarius rempli d'huile ne pesait que 18 onces, conformément aux indications fournies par les tableaux précités, à la suite de celles qui se rapportent au Κεράμιον Ἰταλικόν, quoique les rédacteurs de ces tableaux, qui sont tous écrits en grec, y donnent toujours au Sextarius le nom de Ξέστης, sans prendre la peine de le distinguer du Ξέστης grec, en ajoutant à son nom l'épithète d'Ἰταλιχόν.

D'un autre côté, on lit sur d'autres textes :

Ὁ Ξέστης ἔχει λίτραν α' ἥμισυ.	Le Ξέστης contient 1 livre ¹/₂ (18 onces).

(Hultsch, tome I, page 230, lig. 20, et page 244, lig. 19. — Voyez aussi page 222, lig. 10, et page 246, lig. 12).

Sans que rien indique, sur ces textes, s'ils doivent être rapportés à l'huile plutôt qu'au vin, M. Hultsch a cependant adopté l'affirmative, lorsqu'il a parlé de ces textes, soit dans ses prolégomènes, où il a dit à la page 91 de son premier volume : *Ipsa tamen olei significatio omissa est*, soit dans son index où il a répété : *olei appellatione omissa*. (T. II, p. 201).

Mais, à mon avis, cette appréciation n'est pas exacte. En voici les raisons :

En thèse générale, quand on rencontre le nom de Sextarius dans un texte latin, ou celui du Ξέστης dans un texte grec, il est très important de chercher à savoir, *avant tout*, de quelle mesure on a voulu parler dans ces textes ; car les Romains donnaient quelquefois le nom de Séxtarius au Ξέστης grec, tandis que, au contraire, quoique Oribase prenne soin de dire, comme on l'a vu dans la note II ci-dessus, Ξέστης Ἰταλικός, quand il veut parler du Sextarius, il arrivait aussi que les Grecs donnaient assez souvent le nom de Ξέστης au Sextarius lui-même (Voyez la note XII).

On remarquera d'ailleurs que, dans le cas actuel, la distinction dont il s'agit n'est pas difficile à établir ; car, d'un côté, tous les textes grecs qui assignent au Ξέστης 20 onces ou 18 onces, suivant qu'on le considère comme rempli de vin ou d'huile, non-seulement donnent à l'Amphora le nom de Κεράμιον Ἰταλικόν, mais encore désignent le demi-Ξέστης sous le nom d'Ἡμίνα, et par conséquent se rapportent d'une manière incontestable au système métrique romain ; tandis que, d'un autre côté, les textes qui assignent au Ξέστης 18 onces seulement, sans dire si cette mesure correspond au vin ou à l'huile, se rapportent au contraire, avec évidence, au système métrique grec, parce que les poids qui correspondent au Μέδιμνος et à l'Ἡμιμέδιμνον y sont inscrits à côté de celui qui correspond au Ξέστης. Ainsi, dans le premier cas, il s'agit certainement du Sextarius romain, comme il était d'ailleurs facile de le prévoir, et dans le second, c'est le Ξέστης grec que l'on considère seul.

Or, nous savons déjà, malgré l'opinion contraire de M. Letronne, que la contenance de cette dernière mesure n'est pas identiquement la même que celle du Sextarius romain ; et si cette assertion pouvait être encore considérée comme douteuse, l'autorité de Galien suffirait pour la confirmer ; car voici en quels termes il s'exprime, en parlant du Ξέστης, dans son *Traité sur la composition des remèdes suivant les genres*, liv. 1er.

Αὐτὸ δὲ τὸ μέτρον οὐκ ἴσον τῷ Ρωμαϊκῷ· χρῶνται γὰρ αλλος αλλω ξεστιαίῳ μέτρῳ.	Cette mesure n'est pas égale à la mesure romaine, car les uns se servent d'un sextaire et les autres d'un autre.

(Hultsch, tom. 1, pag. 211, lig. 7 et 8.)

Et l'on voit ainsi que, si le Sextarius romain pèse effectivement, comme il n'est pas permis d'en douter, 18 onces, quand il est plein d'huile, ce seul fait empêche d'admettre que le poids du Ξέστης grec puisse être identiquement le même, dans les mêmes conditions ; par conséquent, puisque nous trouvons, sur un texte *qui doit être nécessairement rapporté au système métrique grec*, que le Ξέστης pèse 18 onces, il est complètement impossible de croire, comme M. Hultsch l'a prétendu, que ce poids peut être rapporté à un Ξέστης rempli d'huile, et il faut, au contraire, le rapporter de toute nécessité à un Ξέστης rempli de vin, par cette seule raison que ce poids ne se trouve accompagné, dans ce cas, d'aucune indication spéciale.

Voici d'abord une reproduction exacte du texte dont je parle, tel que Galien et Oribase l'ont donné :

1. Ὁ μέδιμνος ἔχει λίτρας μη′.	1. Le Μέδιμνος pèse 48 livres.
2. Τὸ ἡμιμέδιμνον ἔχει λίτρας κδ′.	2. L'Ημιμέδιμνον pèse 24 livres.
. . . .	. . . .
5. Ὁ Ξέστης ἔχει λίτραν α′ ἥμισυ.	5. Le Ξέστης pèse 1 livre ½.
. . . .	. . . .
8. Ἡ κοτύλη ἔχει οὐγγίας θ′.	3. La Κοτύλη pèse 9 onces.

(Hultsch, t. I, pag. 230 et 244).

Notons ici que deux erreurs capitales existent évidemment aux deux premières lignes de ce texte, parce qu'il est matériellement impossible qu'un Μέδιμνος et un Ημιμέδιμνον correspondent à 48 et à 24 livres seulement.

Comme le Μέδιμνος et l'Ημιμέδιμνον contiennent, en fait, le premier 48 et le second 24 Χοῖνιξ, M. Hultsch a supposé qu'il suffisait, pour rectifier l'erreur que je viens de signaler, de lire Χοῖνιξ au lieu de *Livre* aux deux premières lignes précédentes. « 48 λίτραι (*immo choenices*) », a-t-il dit dans l'Index placé à la fin de son IIᵉ volume, pag. 192. Mais cette rectification n'est pas acceptable, parce que les mesures de capacité contenues dans les textes que nous discutons y sont *toutes* exprimées par des poids.

Une autre solution doit donc être cherchée et n'est pas difficile à trouver, puisque nous connaissons à la fois, d'une manière bien exacte, la contenance qui correspond à une livre romaine et celle du Μέδιμνος grec. La première est égale à la 80ᵉ partie d'une Amphora, c'est-à-dire à $\frac{26\ \text{litres},013}{80}$ ou, plus simplement, à 0^{litre},325.16, et la seconde ne dépasse pas 48^{litres},500. Le Μέδιμνος contient donc un nombre de livres romaines représenté par la fraction $\frac{48.500}{0.325.16}$ ou *très-exactement* par 149 ; et comme on sait qu'en général les anciens n'attachaient pas une bien grande importance aux solutions rigoureuses et leur préféraient presque toujours les solutions les plus simples, il semble naturel d'admettre que le manuscrit original, dont nous ne possédons aujourd'hui que des copies plus ou moins exactes, portait à la première ligne 148 = ρμη', au lieu de 48 = μη', et, par conséquent, à la deuxième ligne, 74 = οδ', au lieu de 24 = κδ'.

Quant au Ξέστης et à la Κοτύλη, qui sont égaux, comme on le sait, à la 48ᵉ et à la 96ᵉ partie de l'Ημιμέδιμνον, il est clair que leurs poids, rigoureusement calculés, devaient se trouver égaux à ⁷⁴/₄₈ = 1 livre + ¹/₂ + ¹/₂₄ et à ⁷⁴/₉₆ = ³/₄ de livre + ¹/₄₈, et que c'est précisément pour cela qu'on trouve ces quantités exprimées, *en nombres ronds*, sur nos textes, par 1 livre ¹/₂ et par 9 onces.

En résumé, il me paraît incontestable que les contenances du Μέδιμνος et du Ξέστης *grecs*, évaluées en livres *romaines et rapportées au vin*, devaient être considérées autrefois, pour les besoins des relations commerciales établies entre la

Grèce et l'Italie, comme très-sensiblement égales, la première à 148 livres, conformément à la rectification dont les textes de Galien et d'Oribase m'ont paru susceptibles, et la seconde à 1 livre $^1/_2$, conformément aux indications fournies par ces mêmes textes, quoique la contenance effective du Sextarius *romain* soit toujours exprimée, en poids, par 20 onces.

Note XI. — Sur le système pondéral égyptien.

« Il n'y a pas 20 ans, a dit M. P. Bortolotti dans son Mémoire, que le système pondéral des Pharaons était couvert d'un voile impénétrable » (1) ; et cette fâcheuse situation n'est pas difficile à comprendre, quand on considère que les métrologues se sont obstinés à croire, par cette seule raison, que les poids étaient exprimés autrefois, chez les Assyriens, chez les Hébreux et même en Egypte, sous les Ptolémées et sous la domination romaine, en drachmes, sicles, mines et talents, qu'il devait en être nécessairement de même chez les premiers Egyptiens, et ont été conduits, par analogie, à ne chercher, jusqu'à ces derniers temps, que les valeurs de la drachme, du sicle, de la mine et du talent égyptiens, quand il est parfaitement démontré aujourd'hui que les unités pondérales autrefois en usage dans l'Egypte pharaonique étaient complètement différentes de celles que les Assyriens et les Hébreux employaient, et quand l'inutilité des efforts tentés par nos devanciers, dans la fausse voie où ils s'étaient engagés, devient, par cela seul, bien facile à comprendre.

Différents textes, dont on possède maintenant des traductions très-exactes, établissent, en effet, de la manière la plus positive, que deux unités pondérales seulement existaient dans l'ancienne Egypte ; que la plus forte des deux y avait reçu le nom d'*Outen*, et que la plus faible, correspondant à

(1) Non ancora son passati vent'anni da che il ponderale sistema Faraonico era avvolto d'impenetrabile buio, pag. 66.

la dixième partie de l'Outen, y avait reçu, de son côté, le nom de *Kati*.

Des poids supérieurs à 3.000 outens, mentionnés dans la grande inscription de Karnak, ont permis notamment à M. Chabas d'affirmer, dès 1851, dans un article publié par la *Revue archéologique*, qu'on n'employait, dans l'ancienne Egypte, aucune unité pondérale supérieure à l'Outen ; et la même conclusion a été reproduite, avec plus d'autorité encore, par le même savant, dans une de ses dernières publications (1), où il a invoqué des textes relatifs à des pesages d'anneaux d'or ne s'élevant pas à moins de 36.692 Outens, et même à des quantités de blés et de farines pesant près de 400.000 Outens. De sorte qu'il demeure parfaitement établi que les Egyptiens se servaient autrefois de l'Outen, et de l'Outen seul, à peu près comme nous nous servons aujourd'hui du gramme, pour exprimer les plus grands poids, quelle qu'en soit l'importance.

D'un autre côté, un passage très-clair du grand papyrus de M. Harris, contenant les annales de Ramsès III, où il s'agit encore d'un compte d'or, porte l'addition suivante :

$$217 \text{ Outens } 5 \text{ Katis,}$$
$$61 \quad — \quad 3 \quad —$$
$$290 \quad — \quad 8 \quad — \quad ^1/_2,$$

total égal à.... 569 Outens 6 Katis $^1/_2$.

Et comme il est évident que, dans cette opération, on a prélevé, du total de 16 Katis $^1/_2$, 10 Katis, qui ont ajouté une unité au total de 568 Outens, cette seule observation suffit pour démontrer que le Kati correspondait, comme je l'ai déjà dit, à la dixième partie de l'Outen.

M. Théodule Devéria a aussi trouvé, dans le papyrus Vasali, différents comptes desquels il résulte pareillement que 10 Katis valent un Outen ; et, en dernier lieu, personne n'a jamais découvert, dans les anciens textes égyptiens que l'on possède, l'indication d'aucune autre mesure pondérale.

Il demeure, par suite, bien constaté qu'on exprimait autre-

(1) *Recherches sur les poids, mesures et monnaies des anciens Egyptiens*, par F. Chabas, Paris, Imprimerie nationale, MDCCCLXXVI, p. 3.

fois en Egypte, en fonction de l'Outen et de ses multiples, tous les poids supérieurs à un Outen, et, au contraire, en fonction du Kati et de ses fractions, tous ceux qui se trouvaient plus petits; ce qui revient à dire, en d'autres termes, que l'ancien système pondéral des Egyptiens était essentiellement *décimal*, comme leur numération elle-même, et, par conséquent, différait entièrement du système pondéral assyrien, dont toutes les combinaisons étaient *sexagésimales*, comme celles de la numération chaldéenne dont les Assyriens se servaient.

Note XII. — Sur les inconvénients du système de traduction adopté par quelques auteurs anciens, qui n'ont pas craint de donner un même nom à des mesures souvent très-différentes.

Les contenances de la grande Κοτύλη, du Χοῦς et du grand Μέδιμνος ptolémaïques sont très-approximativement dans le rapport de 1 ½ à 1 avec les mesures grecques correspondantes, et, par conséquent, il est hors de doute que, lorsque ces noms grecs de Κοτύλη, de Χοῦς et de Μέδιμνος ont été donnés à ces trois mesures ptolémaïques, on n'a pas pris en considération leurs contenances réelles, trop différentes des contenances grecques correspondantes pour qu'il soit possible d'établir aucun rapprochement entre elles, et qu'on a considéré seulement l'*identité* de formation de ces mesures, puisque, en effet, en Egypte aussi bien qu'en Grèce, la Κοτύλη correspond à 36 dactyles cubes, le Χοῦς à 432, et le Μέδιμνος à 6.912 ou à la moitié d'une coudée cube. Peut-être aussi a-t-on attaché alors à ce mot Μέδιμνος le sens de *mesure par excellence*, parce que cette mesure était, en effet, dans les deux cas, la plus grande de toutes.

Il n'est pas aussi facile de comprendre et d'expliquer la faute commise, dans quelques autres cas analogues, par les auteurs, qui n'ont pas craint de donner pareillement les mêmes noms à des mesures entre lesquelles aucune espèce de comparaison ne peut être établie.

Ainsi, par exemple, quand Isidore a dit dans ses Éty mologies : *Cadus graeca Amphora continens Urnas III*

11

(Hultsch, t. II, page 120, l. 8), ou quand on lit dans l'œuvre du pseudo-Fannius :

Attica præterea discenda est Amphora nobis
Seu Cadus; hanc facies, nostræ si adjeceris Urnam.

(Hultsch, t. II, page 93 ; V. 84 et 85).

il faut réfléchir un instant avant de comprendre :

1° Que ces noms de *Cadus* et d'*Amphora attica* ne désignent, au fond, ni un Cadus romain, ni une Amphora grecque, mais correspondent, au contraire, à un Μετρητής ;

Et 2° que, pour découvrir la raison d'être de ces noms, il est nécessaire de se reporter aux temps où l'Αμφορεύς n'existait pas encore dans le système métrique grec, et où, par conséquent, la mesure grecque qui se rapprochait le plus du Cadus et de l'Amphora était précisément le Μετρητής lui-même ; de telle sorte qu'en donnant à cette mesure les noms de Cadus ou d'Amphora, on se proposait seulement d'indiquer qu'elle était, dans la métrologie grecque, comme le Cadus et l'Amphora dans la métrologie romaine, la mesure que l'on employait particulièrement au jaugeage des liquides. Ce qui n'a pas empêché tous ceux qui ont voulu établir une trop grande similitude entre le Μετρητής et l'Amphora d'être induits en erreur par ce nom d'*Amphora attica*, si inexactement donné au Μετρητής. C'est même là peut-être ce qui a fait que M. Vazquez Queipo lui-même, après avoir assigné 26 litres à l'Amphora romaine, s'est cru en droit de n'en donner que 29 au Μετρητής, quoique la contenance réelle de cette dernière mesure dépasse 36 litres.

De semblables fautes peuvent être reprochées aussi aux écrivains grecs qui se sont occupés des mesures égyptiennes, et je me contenterai d'en donner ici l'exemple suivant :

Il est, à la rigueur, possible de comprendre, lorsqu'on étudie, dans le X° chapitre des œuvres de Galien, le texte qu'il attribue faussement à Cléopâtre :

Ἐν δὲ τοῖς γεωργικοῖς, εὗρον ..... τὸν ἀμφορέα ξεστῶν λς΄. | Dans les mesures géorgiques, on donne à l'ἀμφορεύς 36 ξέστης.

(Hultsch, t. I, Fr. 60, § 29, page 236, l. 14).

Il est, dis-je, dans ce cas, rigoureusement possible de comprendre, par cela seul qu'il s'agit des mesures *géorgiques* attribuées à Cléopatre, que l'ἀμφορεύς dont il est question peut être une mesure philétérienne et peut ainsi n'avoir qu'un rapport très-éloigné avec l'ἀμφορεύς grec. Mais comment la même conclusion peut-elle être justifiée, quand on a seulement sous les yeux le texte du chapitre VII, où Galien se contente de dire :

Ὁ Ἀμφορεύς ἔχει ξέστας τριά-| L'ἀμφορεύς contient 36 ξέστης.
κοντα ἕξ.

(Hultsch, t. I, Fr. 57, § 24, p. 230, l. 8).

On parviendra sans doute à le reconnaître, si l'on a la précaution de considérer que 36 ξέστης, égaux à 36 fois 0^{litre},505.21 c'est-à-dire à 18^{litres},187, se rapprochent beaucoup plus d'un Apet égyptien, dont la contenance exacte est de 18^{litres},088, que d'un Ἀμφορεύς grec, dont la contenance doit être élevée jusqu'à 48 ξέστης c'est-à-dire jusqu'à 24^{litres},250 ; on pourra même aller jusqu'à conclure de cette comparaison de l'Apet à l'Ἀμφορεύς que le texte de Galien doit être rapporté à l'époque où la petite Artabe, dont la contenance exacte est de 27^{litres},132, n'avait pas encore été introduite par les Romains dans le système métrique égyptien, pour y correspondre à l'Amphora romaine, dont la capacité est de 26^{litres},013 ; mais tout le monde n'a pas le temps d'entreprendre de semblables calculs, et on ne songe pas toujours à les faire. Je crois donc ne pas trop exagérer en affirmant que lorsque, pour donner une idée de la contenance d'un Apet égyptien, un auteur s'est contenté d'écrire : Ὁ Ἀμφορεύς ἔχει ξέστας τριάκοντα ἕξ, sans accompagner ce texte d'aucune explication, il a agi précisément comme s'il s'était proposé de tendre un piège aux métrologues modernes.

Note XIII. — Sur les contenances effectives de quelques vases égyptiens conservés dans les Musées.

On a souvent essayé de déterminer les contenances des anciennes mesures égyptiennes de capacité, en les déduisant de celles que l'on peut assigner aux vases égyptiens conservés dans les musées. Mais ce procédé conduit rarement à de bons résultats, parce que les ouvriers qui fabriquaient ces vases n'avaient, en général, aucun intérêt à leur donner une contenance exactement exprimée par un nombre entier d'unités métriques, et parce qu'il résulte de là que, pour avoir la certitude d'opérer avec une précision suffisante, il est nécessaire non-seulement d'avoir à sa disposition un vase dont la contenance a été écrite anciennement sur ce vase lui-même, mais encore d'y trouver cette contenance, représentée par un nombre *fractionnaire*; car, lorsqu'elle est simplement exprimée par un nombre entier, cette indication peut n'être elle-même qu'approximative, et peut n'avoir été donnée qu'en nombre rond.

Sous la réserve de ces observations, voici quelles sont les contenances des vases égyptiens que MM. Saigey et Vazquez Queipo ont fait connaître, et comment ces contenances doivent être traduites en unités métriques égyptiennes.

On en trouve six, aux pages 22 et 23 du traité de M. Saigey, se rapportant toutes à des vases égyptiens, que ce savant métrologue dit avoir mesurés lui-même; mais aucune de ces contenances n'a été indiquée par écrit sur les vases.

Le premier est hémisphérique et à bords *renversés*; rempli jusqu'au comble, il contient .... $0,^{litre}464$

C'est probablement un ἵνιον pharaonique, 10e partie du Hin sacré, et correspondant à une contenance théorique de.... .... $0^{litre}, 452^{v}$

Le deuxième vase est pareillement hémisphérique, mais à bords *droits*; rempli jusqu'au comble, sa contenance s'élève à..... .... $0^{litre}, 547$

Comme il diffère du premier par la forme de ses bords, il semble permis de croire qu'il appartient à une époque moins ancienne, et que, par conséquent, cette contenance doit correspondre à un ξέστης ptolémaïque, c'est-à-dire à $0^{litre}, 502,4$

Le troisième est aussi parfaitement hémisphérique, et a un timbre très-sonore; rempli jusqu'au comble, il contient.................. $1^{litre},052$

C'est une Χοῖνιξ géorgique, ayant une contenance théorique de .... $1^{litre},130$

Le quatrième est un vase allongé à fond hémisphérique, son col est un peu resserré, son anse est mobile; il est couvert d'hiéroglyphes gravés à l'extérieur. Sa capacité, quand il est rempli jusqu'à la bordure du col, est de........ 2^{litres},175 quand il est comble, elle s'élève à............ 2^{litres},397

Le cinquième, de même forme que le précédent et pareillement couvert d'hiéroglyphes, a jusqu'à la bordure du col.................... 1^{litre}, 977 et quand il est comble...................... 2^{litres},107

Le sixième enfin, encore semblable aux précédents, mais d'une contenance double, a jusqu'à la bordure du col...................... 4^{litres}, 108 et quand il est comble...................... 4^{litres}, 303

Ces trois derniers vases correspondent sans doute à la même époque, puisqu'ils ont tous les trois la même forme ; et comme, d'un autre côté, la contenance des deux premiers doit être considérée comme théoriquement double de celle du dernier, il semble naturel de croire qu'on s'approchera le plus possible de la vérité en prenant, pour les deux premiers, le quart, et pour le dernier la moitié de la somme des contenances, ce qui donne :

jusqu'à la bordure du col......... 2^{litres},065 et 4^{litres},130 et pour la contenance entière .... 2^{litres},201 et 4^{litres},402

On se trouve ainsi conduit à assimiler la contenance du plus grand à celle d'un χοῦς ptolémaïque, ou, ce qui est la même chose, à celle d'un Hin sacré pharaonique, dont la contenance est de .... 4^{litres},522 et celles des deux autres à un demi-Χοῦς ou à deux Χοῖνιξ ptolémaïques, ayant une contenance théorique de................................. 2^{litres},261

Je n'ai aucune peine à reconnaître que ces diverses assimilations ne sont pas toutes parfaites. Mais, s'il est incontestable que les contenances des vases que l'on fabrique aujourd'hui, en France, ne sont pas toujours rigoureusement égales à un nombre entier de litres, pourquoi voudrait-on exiger que les contenances de ceux que l'on fabriquait autrefois en Egypte fussent elles-mêmes rigoureusement égales à un nombre entier d'Ινιον ou de Χοῖνιξ ?

★

« Le Musée égyptien de Paris, a dit encore M. Saigey à la
page 24 de son traité, possède un grand vase *de terre* garni
» d'un fin tissu de paille, à panse entièrement sphérique et à
» col étroit ; sa capacité, jusqu'à la naissance du col, est de
» 11^{litres},55. C'est donc le petit *bath* qui contient théorique-
» ment 15^{litres},39. *L'existence de ce bath serait indubitable,*
» *si l'on pouvait s'assurer de l'authenticité de ce vase* ».

Et il est nécessaire d'ajouter, pour que cette citation puisse
être comprise, que la mesure à laquelle M. Saigey a imposé
ce nom hébreu de *bath* est précisément celle à laquelle j'ai
donné moi-même successivement les noms d'Apet pharaonique et d'Αμφορεύς ptolémaïque, et qui correspond ainsi au
cube d'une demi-coudée *royale*, c'est-à-dire à 1.728 dactyles *philétériens* cubes, ou à 18^{litres},088.

Quant à la mesure que M. Saigey nomme *petit bath* et
qu'il n'admet dans la série des mesures égyptiennes que par
analogie avec l'autre mesure et sans posséder aucune
preuve de la réalité de son existence, elle est égale, d'après
lui, au cube d'une demi-coudée *commune* c'est-à-dire à 1,728
dactyles *Egyptiens* cubes. Mais il résulte des explications
données dans ce mémoire que les Ptolémées n'ont jamais admis ni pu admettre, dans leur système métrique, une mesure
ainsi exprimée en dactyles égyptiens, et que, par conséquent,
la contenance du grand vase égyptien du Musée de Paris ne
correspond exactement à aucune mesure égyptienne. On peut
même trouver là un argument de plus à opposer à l'hypothèse
de M. Saigey, de la valeur de laquelle il ne paraît pas lui-
même bien sûr, puisqu'il dit : *L'existence de ce bath serait*
incontestable, si l'on pouvait, etc.

Il est d'ailleurs facile de comprendre, à un autre point de
vue, que la contenance d'un vase *en terre* ne peut jamais
correspondre, d'une manière bien exacte, à une mesure de capacité, non-seulement parce que ce vase, nécessairement
fabriqué avec de l'argile molle et sur un tour de potier, ne
peut pas reproduire rigoureusement une contenance donnée,
mais encore, et quand bien même il existerait un moyen pratique de lui assigner exactement cette contenance au moment
de sa fabrication, parce qu'elle serait elle-même nécessai-

rement altérée par le retrait que la dessiccation et la cuisson de l'argile occasionnent toujours.

Voici maintenant quels sont les vases égyptiens dont M. Vazquez Queipo a donné les contenances dans son *Essai*.

Il a d'abord ajouté (t. I, page 218), aux six vases signalés par M. Saigey comme appartenant au musée de Paris, un septième vase appartenant au même musée et ayant une contenance de............................... 5^{litres},276

qui ne peut correspondre qu'à 10 ϻέστης ptolémaïques, c'est-à-dire à........................... 5^{litres},024

et trois vases cylindriques en albâtre, qui portent les n°s 121, 122 et 245 sur le catalogue du musée, et dont les contenances, égales à 1^{litre},040, 0^{litre},975 et 1^{litre},098, correspondent ainsi, toutes les trois, à 2 ϻέστης ptolémaïques, ayant une contenance théorique de...................... 1^{litre},048

M. Vazquez Queipo cite encore, à la même page de son *Essai*, un *Van* ou *Situle* sacré à anse mobile, qu'il a mesuré, en 1849, au musée égyptien de Turin, où il porte le n° 4,309. C'est un vase magnifique, dit-il, dont les figures et les hiéroglyphes en relief sont dorés. Sa capacité est de 1^{litre},098 et correspond ainsi encore une fois à 2 ϻέστης ptolémaïques, égaux à 1^{litre},048.

A la page suivante, le même auteur dit avoir mesuré au musée Britannique trois autres *vans* sacrés ou *situles* en cuivre, avec anses mobiles, ayant la même forme que le précédent et dont il évalue les contenances pour les deux plus grands, inscrits sous les n°s 5,302 et 5,303, à 8^{litres},195 et à 8^{litres},52, et pour le plus petit à 4^{litres},236. Ces contenances ne peuvent correspondre qu'à 16 et à 8 ϻέστης ptolémaïques, égaux théoriquement à 8^{litres},038.4 et à 4^{litres}.019.2.

Dans une note insérée sous le n° 77, à la page 567 de son premier volume, M. Vazquez Queipo rappelle encore qu'il a trouvé au musée du Louvre, après l'impression de son ouvrage, deux autres *Situles* à anses mobiles, dont les contenances, exprimées *en litres* sur ces vases eux-mêmes, y ont été marquées comme égales à 6^{litres},176 et à 2^{litres},305. Elles correspondent, par conséquent, la première à 12 ϻέστης, c'est-à-dire à un Ημίεκτον ptolémaïque, théoriquement égal à 6^{litres},029 et le deuxième à 4 Ξέστης et demi, soit 2^{litres},261, ou, ce qui est la même chose, à 2 Χοῖνιξ géorgiques.

Indépendamment de ces vases, sur lesquels aucune indication ne fait connaître les contenances rapportées à des mesures égyptiennes, M. Vazquez Queipo en signale encore quelques autres sur lesquels on lit, au contraire, les expressions antiques de ces contenances, et qui présentent à ce titre un très-grand intérêt.

C'est ainsi notamment qu'on trouve, aux pages 230 et 231 du premier volume, les renseignements suivants, relatifs à trois vases égyptiens qui ont été examinés par M. le docteur Leemans (1) au musée de Leyde, où ils sont inscrits sous les n°s 312, 313 et 314, et qui portent, « le premier et le troisième, » une inscription en hiéroglyphes, et le deuxième en carac- » tères hiératiques, lesquels indiquent, pour le n° 312 : *Vase* » XXV, pour le n° 313 : *Vase* XII, et pour le n° 314 : *Vase* » VII $\frac{1}{IV}$ ».

« Leur capacité, mesurée par M. Leemans lui-même, est » de 12^{litres},22 pour le premier, de 6^{litres},44 pour le second, » et de 3^{litres},28 pour le troisième. Leur poids ne correspon- » dait pas exactement à leur contenance, et il se trouve pour » tous un peu au-dessus de ce qu'il aurait dû être, puisque » le poids du premier ne fut que de 11^{kil},850, celui du second » de 6^{kil},250, et celui du troisième de 3^{kil},250. Ce résultat » était, au reste, facile à prévoir, parce que les pesées ne se » firent pas avec de l'eau au maximum de condensation, et » qu'elles durent nécessairement donner des résultats trop » faibles. C'est pour cela, dit M. Vazquez Queipo, qu'on doit » préférer la mesure directe de capacité comme la plus » exacte, au lieu de prendre, comme le fit le docteur Leemans, » le terme moyen entre cette mesure et celle qu'il avait » déduite du poids ».

Si l'on adopte cette manière de voir de M. Vazquez Queipo, les volumes des unités métriques égyptiennes doivent être fixés :

(1) *Lettre à M. François Salvolini sur les monuments égyptiens portant des légendes royales,* avec un appendice sur les mesures de ce peuple, page 154 et suivantes. Leyde, 1838.

Dans le premier cas, à $\frac{12\ \text{litres},22}{25}$ ou à $0^{\text{litre}},488.8$,

Dans le second à $\frac{6\ \text{litres},44}{12}$ ou à $0^{\text{litre}},536.66$,

Et dans le troisième à $\frac{3\ \text{litres},22}{29} \times 4$ ou à $0^{\text{litre}},452.4$.

Si, au contraire, on préfère celle du docteur Leemans, les mêmes unités se réduisent :

Dans le premier cas, à $0^{\text{litre}},481.3$,

Dans le second à $0^{\text{litre}},528.8$,

Et dans le troisième à $0^{\text{litre}},450.4$.

Mais quelle que soit au fond la vérité sur ce premier point, les calculs qui précèdent n'en suffisent pas moins pour démontrer :

1° Qu'il est impossible de rapporter les trois inscriptions à une seule et même unité métrique, comme on pouvait d'ailleurs le prévoir *a priori*, puisque la première et la troisième sont écrites en *hiéroglyphes*, quand la seconde, au contraire, est en *caractères hiératiques* ;

2° Que l'unité de mesure qui convient au second vase doit être, par ce motif, la moins ancienne, et, par suite, ne peut être qu'un Ξέστης ptolémaïque, théoriquement égal à $0^{\text{lit}},502.4$; ce qui fait correspondre la contenance de ce vase à un Ἡμίεκτον ptolémaïque ;

Et 3° Que l'unité métrique qui a servi à mesurer le troisième est donnée avec une grande précision, puisqu'elle est exprimée par un nombre fractionnaire, et qu'ainsi cette unité ne peut être qu'un ἵνιον, dixième partie du Hin sacré, théoriquement égal à $0^{\text{litre}},452$.

Et ce fait une fois établi, il est facile de comprendre que, si l'unité métrique que l'on déduit du chiffre XXV écrit sur le premier vase se trouve, en réalité, un peu plus forte qu'il ne convient, ce ne peut être que par l'une des causes suivantes : oubien parce que la contenance antique de ce vase n'a été exprimée qu'approximativement par ce nombre 25, ou bien parce que le vase a été un peu trop rempli, lorsque M. le docteur Leemans l'a mesuré et pesé, ou, mieux encore, par ces deux causes réunies.

M. Vazquez Queipo cite en outre, aux pages 232 et suivantes de son *Essai*, un autre vase de la collection Anastasi, appartenant aujourd'hui au musée Britannique, sur lequel on lit, en caractères hiératiques, l'inscription : *Vase* VIII $\frac{1}{VI}$.

Quoique la plus grande contenance de ce vase, lorsqu'il est entièrement plein, soit donnée comme égale à 4^{litres},282, comme son couvercle est muni, en dessous, d'un rebord cylindrique qui pénètre dans l'intérieur du vase, et qui en diminue par suite la capacité, il est évident qu'il y a lieu de déduire de sa contenance totale fixée à............ 4^{litres},282 celle de la partie du couvercle qui s'introduit dans le vase, et que M. Vazquez Queipo a évaluée à .. 0^{litre},113

Ce vase ne peut donc être considéré, en aucun cas, comme contenant plus de................ 4^{litres},169

Mais est-ce bien là la véritable expression de sa contenance effective ? En d'autres termes, est-il nécessaire d'admettre qu'après l'avoir entièrement rempli, on ne craignait pas de laisser déborder l'excédant quand on plaçait le couvercle ? Il semble impossible de le supposer et il me paraît, au contraire, plus naturel de croire qu'il devait être toujours *un peu moins rempli*, cette précaution étant prise pour que a surface du contenu ne fût pas atteinte par le couvercle. Si telle est, en effet, la vérité, le volume total, égal à 8 unités métriques et $^1/_6$, étant nécessairement inférieur à 4^{litres},169, ne peut correspondre qu'à 8 ξέστης ptolémaïques et $^1/_6$, c'est-à-dire à 4^{litres},099.

TABLE DES MATIÈRES.

Nîmes. — Imprimerie Clavel-Ballivet et Cᵉ, rue Pradier, 12.

www.ingramcontent.com/pod-product-compliance
Lightning Source LLC
Chambersburg PA
CBHW072101080426
42733CB00010B/2180